"乡村振兴战略人才培育系列教材"

丛书编委会：

主　任：王显伟　李汝刚

副主任：罗红伟　郭向周　李运昌　熊春明

主　编：郭向周　韩志荼

编　委：顾培铵　宇利鹏　范曙宇　韩志荼

　　　　李若良　杨锐铣　李正祥　高新华

　　　　刘喜雨　张小明　覃　磊　赵兴文

　　　　董汉中　陈　华　李虹贤　李月琴

《现代农村经济管理概论》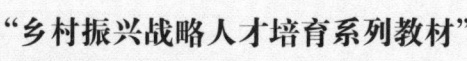

本书编委会：

本书主编：李雪莲　李虹贤

本书副主编：顾培铵　赵江海　李　娟

本书参编：苏　月　苏小芳　李佳芸

乡村振兴战略人才培育系列教材

丛书主编　郭向周　韩志茶

现代农村
经济管理概论

XIANDAI NONGCUN
JINGJI GUANLI GAILUN

主编　李雪莲　李虹贤

云南大学出版社
YUNNAN UNIVERSITY PRESS

图书在版编目（CIP）数据

现代农村经济管理概论 / 李雪莲，李虹贤主编. -- 昆明：云南大学出版社，2021
乡村振兴战略人才培育系列教材 / 郭向周，韩志荼主编
ISBN 978-7-5482-4117-1

Ⅰ.①现… Ⅱ.①李… ②李… Ⅲ.①农村经济－经济管理－概论－中国 Ⅳ.①F32

中国版本图书馆CIP数据核字(2020)第161383号

策划编辑：朱　军
责任编辑：张　松
封面设计：刘　雨

乡村振兴战略人才培育系列教材

现代农村经济管理概论

XIANDAI NONGCUN JINGJI GUANLI GAILUN

主编　李雪莲　李虹贤

出版发行：	云南大学出版社
印　　装：	昆明理煋印务有限公司
开　　本：	787mm×1092mm　1/16
印　　张：	8.5
字　　数：	168千
版　　次：	2021年11月第1版
印　　次：	2021年11月第1次印刷
书　　号：	ISBN 978-7-5482-4117-1
定　　价：	29.00元

社　　址：云南省昆明市一二一大街182号（云南大学东陆校区英华园内）
邮　　编：650091
电　　话：（0871）65033244　65031071
网　　址：http://www.ynup.com
E-mail：market@ynup.com

若发现本书有印装质量问题，请与印厂联系调换，联系电话：0871-64167045。

前　言

党的十九大提出了全面建成小康社会，分两个阶段实现中国第二个百年奋斗目标，中央农村工作会议也明确了实施乡村振兴战略的目标任务：到2020年，乡村振兴取得重要进展，制度框架和政策体系基本形成；到2035年，乡村振兴取得决定性进展，农业农村现代化基本实现；到2050年，乡村全面振兴，农业强、农村美、农民富全面实现。

全面振兴乡村离不开乡村经济的发展，离不开对农村涉农产业的经营和管理，更离不开对乡村广阔的土地和丰富的资源的开发利用。本教材共分为四个项目。项目一从现代农村经济管理概论出发，详细阐述农村经济发展需要依托乡村经济体系的构建，需要通过从科学的产业布局和产业结构优化来整合乡村的资源。组成广大乡村经济体的基本素材则是乡村的生产要素，因此，项目二从乡村人、财、土地等要素出发，结合大理州州情，对生产要素的投入和使用进行介绍。项目三则是从乡村经营组织角度出发，通过对常见的几种经营组织模式的介绍，进一步阐述当下农村发展经济的方向和渠道。项目四主要围绕农村电子商务和物流的发展对当下农产品供应方式和渠道进行说明。本教材紧紧围绕农村资源配置、可持续性发展、农业产业化等内容，在参考了大量相关资料的基础上，既借鉴了发达国家参与式发展的理论、方法，又总结中国农村发展的实践经验，结合大理当地乡村发展特点，重点以农村经济发展的集约化、产业化理论为核心，推进中国农村经济管理理论国际化与本土化的有机融合，力求为实现当地农村经济的发展，提供一定的参考。

编　者

2020年7月1日

目　录

第一章　现代农村经济管理概述 ……………………………………………（1）
　第一节　农村经济管理的内涵 ……………………………………………（1）
　第二节　农村产业结构 ……………………………………………………（10）
　第三节　农村产业生产布局 ………………………………………………（19）
　第四节　我国农村产业结构的优化与调整 ………………………………（23）
　第五节　农村产业经济管理发展趋势分析 ………………………………（30）

第二章　现代农村经济管理中的生产要素管理 ……………………………（32）
　第一节　人力资源管理 ……………………………………………………（32）
　第二节　农村资金管理 ……………………………………………………（37）
　第三节　农村土地经营管理 ………………………………………………（42）

第三章　现代农村经济组织与产业经营 ……………………………………（47）
　第一节　农村生产经济组织形式 …………………………………………（47）
　第二节　家庭农场经营与管理 ……………………………………………（54）
　第三节　农民专业合作社 …………………………………………………（60）
　第四节　农业产业化发展 …………………………………………………（72）
　第五节　现代农村产业融合 ………………………………………………（79）

第四章　农产品营销与流通 …………………………………………………（86）
　第一节　农产品市场营销 …………………………………………………（86）
　第二节　现代农产品物流概述 ……………………………………………（97）

参考文献 ………………………………………………………………………（128）

第一章　现代农村经济管理概述

第一节　农村经济管理的内涵

俗话说："名以食为天。"农业是第一产业，是国民经济的基础产业。在农耕时期，农业是人们赖以生存的产业，也是国家实力强大的重要因素。21世纪，工业和服务业发展迅速，给我们带来了很多便利。但是，农业依旧是各国发展不可忽视的产业。时代的变迁已经让农业发展变得更加多元化，面临各种挑战和机遇，农业需要不断适应这个时代。

一、农业与农村的含义及特点

农业，是人类社会最古老、最基本的物质生产方式。农业生产是人类利用动植物生长的性能，把外界环境中的物质和能量转化为生物产品，以满足社会需要的一种经济活动。农业的生产对象是有生命的动植物和微生物等有机体，其生长、繁殖依赖于一定的环境条件，并遵循一定的客观规律。农业是一个复杂的生态和经济系统，我们可以根据不同的标准对农业进行分类。根据劳动对象的生物学性质，可以把农业分为种植业和养殖业。而根据生产类型和学科属性相结合的原则，可以把农业划分为以粮、棉、油为主的大田作物生产，以果树、蔬菜和花卉为主的园艺生产，以猪、牛、羊、禽为主的畜牧业生产以及以捕捞和养殖为主的渔业生产。在生产实践和经济管理中，各国主要把种植业和畜牧业作为农业的主体。而我国现行的统计口径则将农业（大农业）划分为农业（小农业）、林业、牧业、渔业四个部门。

农业生产最本质的特征是经济再生产与自然再生产相互交织，具有社会性和生物性的双重特点。这种双重特点具体表现在：①土地是农业生产最基本的不可替代的生产资料。在一些非农业部门里，土地仅仅作为劳动的场所，不直接参与劳动生产过程。而在农业部门中，土地不仅仅是劳动场所，更是劳动对象和劳动手段，直接参与劳动生产过程。②农业生产受自然环境影响大，具有地域性和波动性。农业生产主要在广阔的田野上进行，受自然环境的影响很大。不同地区的气候、地形、土壤和植被等自然条件不同，而不同的动植物对环境的要求也不同，因此不同动植物在不同地区的分布情况不同，呈现出明显的地域性。而在同一地区，自然条件也不是一成不变的，自然条件的突变对农业生产的影响很大。③农业生产周期长，具有连续性和季节性。农业的生产周期主要取决于动植物的生长发育周期，而整个生长发育周期是连续性的。但动植物并不是一年四季都在成长，所以人类投入的劳力时间只是其中的一部分，这就表现了其强烈的季节性。④农产品既是消费资料，又是生产资料，具有双重性。农产品既可以用于人们生活消费，是人类的基本生活资料，又可以作为生产资料，是纺织、食品加工的重要原料来源，其种子又是下一个农业再生产的物质条件。

农村，也被称为乡村，是以从事农业生产为主的农业人口居住地区。农村较好地保留了大自然原有的景观，具有特定的社会经济条件，其特点是：①人口较稀少，居民点分散在农业生产环境中，形成田园风光；②家族聚居现象较明显；③工、商、金融、文教、卫生事业发展水平较低。

农村经济作为一种经济现象是不断变动的，由于农村演化进程的不平衡，我国农村经济存在着3种不同的类型：一是古代型，即主要以传统方式从事农村产业生产，由于缺乏资金、技术和人才，生产落后，人们生活贫困，如我国曾经的边远山区。二是近代型，即在农村产业经济发展的基础上，乡镇企业、商业、运输业、服务业已开始起步，商品经济发展较快，如大多数的平原、丘陵地区。三是现代型，即现代工业和第三产业发展迅速，在农村社会总产值中，工业所占比重较大，并成为农民的主要收入来源，如沿海、沿江等经济发达地区。当今时代，农村经济管理变得日趋复杂。

二、农村经济的内容及特点

农村经济是指农村中的各项经济活动及由此产生的经济关系，包括农业、农村工业和手工业、交通运输业、商业、信贷、生产和生活服务等部门经济。

当前，我国农村经济以集体经济为主要内容，具有如下特点：①精耕细作的优良传统与现代农业技术相结合；②以种植业为中心，农牧结合、综合经营的广大农区与以游牧为主的广大牧区同时并存和相互补充；③各地区农村经济发展不平衡。

传统农村经济，是指区域性农村劳动群众共同占有生产资料的一种公有制形式，是农民按照自愿互利原则组织起来，基本生产资料公有，在生产与交换过程中实行某种程度的合作经营，在分配上实行一定程度的按劳分配的集体所有制经济。

现在，农村经济已转变为农民按照一定区域或自愿互利原则组织起来，基本生产资料共有或按股份所有，在生产与交换过程中实行某种程度的合作经营，按劳分配和按生产要素分配相结合的所有制经济。农村经济的实现形式也呈多样化发展趋势，主要有以下三种：

（1）统分结合的农村集体经济。农村改革后在传统集体经济内部，实行土地集体所有，所有权与使用权分离，建立以家庭承包经营为基础、统分结合的双层经营体制，亦称农村社区集体经济。

（2）农村股份合作制经济。由3户以上农民，以资金、实物、技术、劳力等作为股份，自愿组织起来从事生产经营活动，实行民主管理，以按劳分配为主，又有一定比例的股金分红，有公共积累，能独立承担民事责任。

（3）农村专业合作经济。由从事同类农产品生产经营的农民、经济组织和其他人员自愿组织起来，在技术、资金、信息、购销、加工、储运等环节，实行自我合作、自我服务、自我管理、自我发展，达到提高市场竞争能力、增加成员收入的目的。

三、我国农村的经济制度

我国农村的经济制度是选择计划经济还是市场经济，在相当程度上是与我国的国民经济发展战略联系在一起的。

计划经济是指以国家指令性计划来配置资源的经济形式。计划经济原先被当作社会主义制度的本质特征，是传统社会主义经济理论造成的。中华人民共和国成立后相当长一段时期，实行的是计划经济。计划经济的主要特征有：①国有制居主导地位，②经济决策权高度集中，③生产单位从属于行政级别制度，④市场在经济运行中的作用被抑制到最低程度，⑤国家计划手段协调经济活动。受我国经济社会发展水平的限制，资本原始积累（农民是提供这种积累的主体）不仅存在于计划经济时代，还存在于计划经济体制向社会主义市场经济体制转变的全过程中。而城乡二元结构体制又是资本原始积累和计划经济体制赖以运行的基础。要破除城乡二元结构体制，既取决于国家改革的力度，又取决于国家发展的程度，而且改革的力度又不能超越于发展的程度。统筹城乡发展，是解决我国"三农"问题的重要途径。

市场经济是通过市场供给和需求配置资源的经济，是一种通过市场配置社会资源的经济形式。简单来说，市场就是商品或劳务交换的场所或接触点。市场可以是有形的，也可以是无形的。在市场上从事各种交易活动的组织和人，被称为市场主体。现代市场经济具有以下共同特点：①资源配置的市场化，

②经济行为主体的权、责、利界定分明，③经济运行的基础是市场竞争，④实行必要的、有效的宏观调控，⑤经济关系的国际化。

中华人民共和国成立70多年来，我国农村先后实行两种不同的体制：前30年基本上实行计划经济体制，后40多年则处在从计划经济体制向市场经济体制转变并逐渐完善的阶段。虽然目前市场经济体制基本上建立起来，但尚不完善。

我国农村经济体制改革，在很大程度上表现为自下而上的改革。从长远看，我国的经济体制改革，不仅会给农村群众带来物质利益，也会给城市职工带来物质利益。但就经济体制改革的某一个阶段而言，情况则不完全是这样的。我国经济体制改革之所以率先从农村突破，并迅速打开局面，是不能单纯从政府的意愿和行为角度来解释的，它同广大农村群众表现出来的自发的改革积极性有很大的关系。我国农村经济体制改革的起步阶段，往往具有超前的性质，即农民群众自发构造的制度安排，在某个时期内是超过政府设置的制度供给范围的。

四、农村经济管理的内涵及特点

管理，从字义上讲，是管辖、治理的意思。但作为一个科学的概念，管理最基本的含义应当是，人们在认识事物内部条件和外部环境及其相互关系的基础上，确定管理目标，并通过对人力、物力、财力和各个活动环节的计划、组织、指挥、协调、控制等，达到预期目标的一种自觉的、有组织的活动。管理包括各种各样的管理，在政治、经济、文化、科学、教育、卫生、体育等各个领域都存在着管理。经济管理只是其庞大系统中的一个组成部分。

经济管理包括宏观经济管理和微观（企业）经济管理。宏观经济管理从纵向划分又分为工业、农村产业、交通运输、商业等部门管理，从横向划分又分为全国、省、地、县、乡、村的经济管理。作为内容广泛的农村经济管理，是根据市场需求和国家对经济手段运用情况等外部环境和本地区的内部条件，确定经济发展目标，并对再生产过程中的生产、分配、交换、消费等环节和人、财、物、信息等生产要素进行决策、计划、组织、指挥、协调、控制，以达到预期目标的一种自觉的、有组织的活动。在我国，农村经济发展道路的选择是农村经济管理研究的一个重要内容：我国农村经济是走单纯经营农村产业的道路，还是不顾各地不同的条件，片面强调发展农村工业，或是从当地实际出发，走三大产业协调发展的道路。实践表明：单纯经营农村产业，只能导致长期贫困、就业困难、城乡差距拉大。片面强调发展农村工业，能带来一时繁荣，但容易引起粮食、原料、资金、能源紧张，生态失调。协调发展才符合我国农村的实际。

正如我国农村经济发展所走过的弯路一样，我国农村经济管理也经过了一个改革和发展的过程。在计划经济时期，农村经济管理实质上就是计划的下达和计划的执行过程。党的十一届三中全会以后，我国农村率先进行了经济管理改革，从经营管理体制、分配方式、所有制、组织形式、计划体制、流通价格等多方面，进行了有步骤的改革，使农村生产力得到了迅速提高，市场经济空前活跃。农村逐步从自给自足经济的阶段转入市场经济阶段。

我国农村经济管理主要呈现以下特点：

1. 经济结构的综合性特征

中国农村经济管理是以中国农村社区为主要对象，对农村区域范围的一切经济活动的管理。这种农村经济管理综合性的表现是：

（1）以合作经济为主体，多种经济成分共存的新体制得到确立和发展。经过农村改革，国家合作的、个体的、混合的经济成分同时出现，并与不同层次的承包、租赁、合伙、股份的经营方式交融，已经或正在形成各种模式。

（2）产业结构的综合性。我国农村目前已经由比较单一的种植业向农、林、牧、渔全面发展，向农、工、商、运、服综合经营的方向发展。农村产业结构已不再是单一的农业生产结构，而是拥有包括一、二、三产业全部内容的综合结构。面对这样一个庞大的地域经济系统的经济管理，就不只是对某个产业或某几个行业的管理，而是需要对包括生产、交换、分配、消费在内的经济活动全部过程进行全面管理，调节农村经济所包含的全部内容和全部经济行为的运行功能，使农村经济系统始终处于优化状态。

2. 经济发展的阶段性特征

（1）农村经济目标模式的选择不能超越社会主义初级阶段的总界限去寻求新的发展途径，只能是在这个阶段去寻找实现总体阶段目标所适用的各种具体目标模式及管理方式。中华人民共和国成立以来，我国农村经济虽有大的发展，但农民的生活水平和农村经济状况还是比较差的。2018 年，我国人均国民生产总值达到了 9732 美元，但与发达国家相比还有很大差距。在这种情况下，我国农村经济管理只有遵循管理阶段性这一基本特征，针对不同阶段农村经济发展的具体状况，采取具体的管理措施。只有这样，才能使农村经济有一个良性的发展。

（2）正如国民经济的发展目标与发展的阶段性要相一致，农村经济目标和模式必须融于农村经济发展阶段之中。农村经济发展的阶段性是指农村经济在其发展过程中的不同情况和条件下相对时间限额内的差异性，它决定了农村经济的总体目标是通过各个具体目标的阶段性控制来实现的。比如，改革开放之初，农村改革和发展的目标是实现温饱，我国在农村实行了家庭联产承包责任制，促进了农村生产的发展，出现了劳动力和产品的剩余，进而对农村产业结构进行调整，以推动农村商品经济的发展。在目前我国市场经济的条件下，产业化经营又进一步推动了农村经济的发展，农村经济管理必须适应新的经济发展形势而做出调整。

3. 农村区域性特征

农村经济管理的地域是农村。在农村这个行政区域里，除县城和少数城镇外，绝大部分是农村。农村不同于城市的特点是，农村以合作经济为主体，多种产业并存。农村地域辽阔，但交通运输条件差，信息闭塞，生产活动受自然条件影响大，劳动力资源丰富，但素质偏低，同时农村的科技水平不高，农民的小生产观根深蒂固。

（1）不同区域范围的农村在自然、地理、经济环境、生产条件、技术水平、劳动者的素质等方面不同，农村经济的发展地域间存在着明显的时间差异和空间差异。例如，我国东部沿海地区农村与西部边远地区农村相比，经济发展上就存在着显著的差异，这就造成人均劳动力创造的产值也相差悬殊。因此，在农村经济管理中，要利用地域之间的差异，调配不同地区的生产要素的最佳比例，使不同地区的农村经济得到稳步发展。

（2）农村经济管理的主要对象是农村产业。农村产业是人们利用生物机体的生命力，把外界环境中的物质和能量转化为各种动、植物产品的生产活动。正因为农村产业是以生物机体为对象，受各种自然因素制约，所以其表现出明显的地域性。

（3）农村经济管理的主体是农民。相对来说，我国农民的素质偏低，在文化水平、经营知识、思想观念等方面，与城市相比有明显差距。这也决定了我国农村经济管理具有复杂性和艰巨性。

经济管理是在物质资料的再生产过程中进行的。由于社会再生产过程既是人与自然结合的过程，又是人与人结合的过程，它具有两重性，因而决定着管理的两重性。这两重性包括自然属性和社会属性。

管理的社会属性，是指管理是生产力发展和社会分工发展的结果，它反映劳动和社会化大生产的客观要求，表现为生产指挥、组织和协调过程中各种活动的职能，处理再生产过程中人与物、物与物的关系，即生产力的组织。

管理是指由于物质资料的生产是在特定的国家和特定的生产关系下进行的，它的管理必然要涉及生产关系性质方面的问题，同时要和一定的政治经济体制及意识形态产生联系。其中生产关系问题包括各部门、各环节、各地区、各企业之间以及它们同国家之间和它们内部人与人之间的关系。此外，还要适时采取某些措施调整上层建筑。

五、农村经济管理的职能

管理的职能，即管理活动应有的作用和功能。管理职能是管理原则、管理方法的体现。农村经济管理是管理主体及农民对农村经济活动过程施加的影响，是自始至终贯彻在管理过程中并起决定作用的管理活动。

农村经济管理的职能是由农村经济管理的任务和性质所决定的。目前，我国农村经济管理的职能可以概括为：决策、计划、指导、服务、协调、控制、组织、指挥和激励等。

（一）管理的决策职能

决策就是对经济活动中的一些重大问题，如发展方向、经营项目以及实现这些目标所应采取的重大措施等做出选择和决定。在当今市场经济高速发展，科学技术发展日新月异、市场需求瞬息万变的情况下，搞好经济决策，对经济的发展有决定性作用。所以，西方最新管理理论特别强调决策的重要性，一些经济学家认为"管理就是决策""管理的关键在于决策"，或者说"决策是高度重要的管理职能"。因此，决策应当是农村经济管理的首要职能。

（二）管理的计划职能

计划就是对未来的活动进行规定和安排。"凡事预则立，不预则废。"国家经济管理机关对农村经济活动要有计划地进行管理，一个县的经济和整个国民经济一样，有农、林、牧、渔，农、工、商、交通运输等各部门，有生产、交换、分配、消费各个环节，有乡村和城镇的经济类型，内容繁多，管理复杂。因此，必须有长期计划、中期计划和短期计划，对决策目标和方案在时间上和空间上进行安排，这样才能使各部门、各环节、各地区、各生产经营单位的工作协调配合、互相促进，避免盲目性管理，保证农村经济健康发展。同时，计划还是衡量经济效益和管理效率的标准。特别是农村产业实行联产承包责任制，以农户经营为主，企业自主权扩大，经济状况"透明度"降低，这就更需要加强宏观管理。而"计划是宏观管理的主要依据"，如果没有明确的计划，任何经济活动都会紊乱，活动结果也没有评价的标准。所以，农村经济管理的计划职能是十分重要的。

（三）管理的指导与服务职能

指导与服务是指国家经济管理机关和合作经济组织为生产经营单位的生产经营活动创造必要的条件。指导、服务是农村经济管理职能的一个重要方面。

为了避免生产经营活动的盲目性，满足农村经济适应市场经济的需要，国家经济管理机关和合作经济组织还必须根据单位的需要提供产前（主要是原材料等生产资料)、产后（主要是产品的贮藏加工运输、销售等）以及必要的产中（机耕、制种、植保等）服务，为生产经营单位的生产经营活动创造条件。

（四）管理的协调职能

协调也称调节，是指国家各级经济管理机关运用经济手段，特别是价格、税收、信贷、补贴、奖励等经济杠杆来影响生产经营单位对生产经营活动的决策，使其符合宏观经济发展目标和指导性计划的要求。微观调节，就是调整和处理企业再生产过程中各部门、各环节的相互关系，解决它们之间出现的一些矛盾和分歧，以便加强相互间的配合能力，达到同步发展的管理效果。

按调节对象的范围可将协调分为调节企业内部各部门、各环节的对内协调和调节各单位之间关系的对外协调。对内调节又可分为对本企业内部上下级关系的纵向（垂直）协调和对本企业内部各部门、各单位之间关系的横向（水平）协调。按调节问题的性质，可以将协调分为生产力要素的协调和生产关系的协调。生产力要素的协调是指在生产过程中对生产力要素的适当配合的协调，生产关系协调是指对各部门、各单位之间的经济利益进行协调。

（五）管理的控制职能

控制也称监督，是指国家经济管理机关或企业为了保证实际工作与原定的目标、计划一致，对经济活动的执行情况进行检查、监督和调节的活动。经济活动是一种由各种要素有机组成，并有着极其复杂的内部联系和外部联系的活动，因此经济活动的组织实施状况与计划的要求会产生不同程度的偏差。为了保证经济管理目标、计划的顺利实现，就必须进行控制。

农村经济管理的宏观控制主要是指国家经济管理机关对生产经营单位执行党和国家的方针、政策、法律、法规、条例以及日常的生产经营活动所进行的督促和检查。其主要形式有：

（1）行政监督，即政府有关行政机关和业务主管部门对生产经营单位的生产经营活动进行的监督。例如，工商行政管理部门对生产经营单位经济合同的鉴证，审计部门对生产经营单位财务状况的检查等。

（2）经济监督，即银行通过信贷活动对生产经营单位的生产经营活动进行监督。

（3）法律监督，即政法机关对企业、生产单位执行国家法律、法规、条例和方针政策等进行监督。

（六）管理的组织职能

组织是指生产经营单位对经济活动中的各个要素及生产过程的各个环节，从时间和空间上进行组织，形成有机的活动系统，它使人、财、物得到最合理的利用。组织职能是各项职能的基础，是实现经济管理目标和计划的保证。经济活动的计划任务是由许多人的共同劳动所完成的，要把这些任务落实到不同的时间和空间中，落实到不同集体和个人身上，都必须依靠组织来完成。可见，组织职能对于提高管理效率、劳动效率和经济效益是十分重要的。

农村经济管理的组织职能内容十分广泛，它包括：

（1）研究和决定农村经济管理体制，包括机构的设置、职责的分工、管理权限的划分。

（2）确定经济活动的形式，如部门的、地区的、生产经营单位的组织形式。

（3）确定经济活动管理的模式，如权力集中与分散的程度和方式。

（4）确定经济活动的领导方式，是以行政型为主，还是以指导服务型为主。

（5）落实任务，建立责任制。

（6）进行人员的安排调配，组织人员的培训，对经济活动中所存在的目标利益关系和行动的一致性进行协调。

（7）对各级、各类人员的活动进行指挥和指导。

（七）管理的指挥职能

指挥是指领导者依靠权威，以下达命令、指示等方式，指挥下级从事某种活动。在农村经济活动中，需要统一的指挥和正确的调度，以保证所有的下属步调一致、协同工作，使农村经济活动得以正常运转。俗话说："人无头不走，鸟无头不飞。"任何活动都需要一个指挥者，而指挥者行使的职能就是指挥职能。

指挥是最能体现管理活动特征的职能，甚至可以说，管理就是指挥。

（八）管理的激励职能

激励是调整和激发经济活动参与者的主动性、创造性的一种活动。只有充分调动管理者和劳动者的积极性，才能使财和物的作用得到有效的发挥，保证经济管理目标和计划的实现。因此，激励是经济管理中必不可少的重要职能，而且应当贯穿于计划、组织、协调、控制等各种职能之中，它不仅能保证这些职能的有效实施，而且具有这些职能所不能代替的作用。

激励职能的内容包括鼓励和惩罚两个方面。鼓励用于激发劳动者的积极性，惩罚用于抑制劳动者的消极因素。开展思想政治工作、表扬、奖励等都是行之有效的。

上述各种管理职能是一个完整的体系，各种职能既有其各自的含义和作用，又相互联系、密切配合，形成一个完整的经济管理职能体系。其中任何一种职

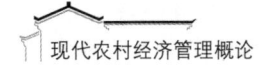

能不能正常发挥作用都会影响到经济活动的进行，影响经济活动的效益。因此，只有全面综合地运用各种职能，才能使农村经济管理工作卓有成效。

六、农村经济的发展趋势

（一）农村人口向非农产业转移的趋势

随着农村人口的自然增长和农村产业劳动生产率的不断提高，农村人口必然出现剩余。农业人口向非农产业转移，乡村人口向城镇人口转移是历史的必然，也是国外发达国家工业化过程中出现的一个共同现象。

（二）农村生态环境由恶性循环转向良性循环

城市工业和乡镇工业的发展，以及化肥农药的大量施用导致农村环境污染加剧，森林过度采伐带来水土流失加剧，农村生态环境恶化的情况已引起人们高度重视。随着生态农村产业的发展和多种环境保护措施的贯彻落实，农村生态环境必定会逐渐改善。

（三）科技进步对促进农村经济发展的作用日趋加强

过去，我国农村产业发展主要依靠传统技术、手工劳动的粗放经营方式。随着科学技术的发展和市场竞争的日益激烈，今后农村经济发展必然更多地依靠科学技术进步，逐步由粗放型经营向集约化经营的转变。

（四）经济管理体制从以行政管理为主转向以经济手段管理为主

过去，我国农村经济管理一直是以行政管理为主，用非经济的手段，直接指挥农村的经济活动，具有直接性、强制性和无偿性的特点。但这种方法容易造成人为的经济分割和经济封锁，忽视地区和生产经营单位的经济利益，不利于农村商品经济的发展。因此，今后我国的农村经济管理必然向以经济手段为主转变，重视发挥经济杠杆的作用，如价格、成本、工资、奖金、利润、财政、信贷、税收、奖罚等。经济方法也有某些局限，所以还必须辅以其他手段，如法律手段、思想教育手段。

第二节 农村产业结构

科学地认识和弄清农村产业生产内部的比例及其相互关系，是保证农村产业健康发展的重要问题。合理的农村产业结构，有利于发挥农村产业内部各部门之间相互促进的关系；有利于保持农村产业生态系统各因素之间的相对协调和稳定，充分合理地利用自然资源和经济资源；有利于满足国民经济对农产品的需求。

一、农村产业结构的概念和特点

（一）农村产业结构的概念

农村产业结构是指在农村这个特定经济区域内，各个经济部门及其所属各门类、各生产项目的比例关系、结合形式、地位、作用和运行规律等。它包括三层含义：①在一定的农村区域中，农村经济是由哪些产业部门组成的；②这些产业部门是按什么方式组合在一起的；③各个产业部门在总体中的地位，即各占多少比例。

农村产业结构一般包括三大产业：第一产业，包括产品直接取自自然界的生产部门，主要是有生命的物质生产部门，如种植业、林业、牧业、渔业等，基本上是传统的农村产业生产部门；第二产业，包括工业、建筑业等，主要是指加工业的物质生产部门；第三产业，包括为生产和生活服务的交通运输业、邮电通信业、商业、金融服务业、科学技术、文教卫生以及其他公用事业等服务业部门。

（二）农业产业结构的概念

农业产业结构是指农村产业中各生产部门或各产业类型所占的比重及其相互关系，亦称农村产业生产结构，是农村产业经济总体结构中的主要组成部分。

从广义上来讲，农村产业结构应包括两个方面：

1. 横向结构

农业产业的横向结构，是指农、林、牧、渔业及其内部的组合比例和相互关系，具体包括以下 6 个方面：

（1）农、林、牧、渔各业的比重，主要是指种植业、林业、牧业、渔业所占的比重。

（2）各业内部的各类生产要素之间的比重，如农业内部谷物生产和经济作物生产的比重，牧业内部牲畜养殖和活畜禽产品的比重等。

（3）农产品的产品结构，即不同农产品在同类产品中各自所占的比重。

（4）同一农产品的品种结构，即同一种农产品中不同品种所占的比重，如小麦的不同品种构成，绵羊的不同品种构成等。

（5）同一品种农产品的品质结构，如红富士苹果中优质产品所占比重等。

（6）同一农产品的上市时间结构。

2. 纵向结构

农业产业的纵向结构，是指农产品生产加工、流通之间的比例关系。农村产业作为一个完整的产业，应当是由生产、加工、流通等环节紧密联系在一起所形成的产业体系。在农村产业发达的国家，农村产业早已不是单纯的农产品生产，而是包括农产品加工和流通在内的完整产业体系。

（三）农村产业结构的特征

1. 农村产业结构的整体性

在农村产业结构中各种自然再生产过程和经济再生产过程相互交织，尽管农村产业结构也可以适应各种需要而分解为许多侧面和层次，但仍然是一个有机整体。孤立研究某个侧面只会获得局部的片面结果，农村产业结构的整体性，要求从整体观念出发，加强对农村产业结构进行系统性的研究。

2. 农村产业结构的多层次性

农村产业的内部结构总体上可从"狭义"和"广义"两个层次来研究。开展这两个层次的结构研究，对于促进农村产业经济发展具有十分重要的实际意义。农村产业结构的多层性研究，对于充分利用多种多样的自然资源和经济资源，发挥地区优势，合理利用各业的中间产品和副产品，提高劳动生产率和土地生产率以及提高经济效益都有重要意义。

3. 农村产业结构的路径依赖性

某一时间、特定地区的农村产业结构不是一蹴而就的，也不会转瞬即逝。农村产业结构是在长时间的自然（温度、湿度、自然灾害等气候变化）、经济、社会、文化、习俗等变化基础上形成的，并随着这些外部环境的变化而出现调整、优化和变更。因此，特定的农村产业结构都是在内外部环境综合作用下经过一定历史积淀形成的。按照新制度经济学的观点，一个国家或地区的经济发展与其原有经济基础、制度环境、社会结构和技术特点密切相关，具有类似于物理学中的惯性的特点，即对既有路径产生依赖，容易沿着既定的好的或者坏的方向不断"自我强化"。依据路径依赖理论，农村产业结构具有较强的历史性，在未来的农村产业结构调整中，一定要立足实际、结合历史，充分意识到路径依赖的存在，不仅要考虑将要采取的决策的直接效果，还要研究其长远影响；要随时研究改革是否走在正确的轨道上，如果发现了路径有偏差，要尽快采取措施加以纠正，使它回到正确的轨道上来，以免出现积重难返的情况。事实上，目前已经出现了很多对无效率制度的路径依赖问题，这主要是因为前期改革不规范，改革措施不彻底。

4. 农村产业结构的动态性

农村产业结构受一定的时间、空间条件的影响，随着时间、空间条件的变化，农村产业结构也时刻在发生变化，一成不变的农村产业结构是不存在的，研究农村产业结构的动态规律是农村产业经济学的基本任务之一。但是，农村产业结构总是具有一定的合理性和相对稳定性，它的形成和发展与当时的各种经济因素、自然环境因素有着直接关系。因此，调整农村产业结构，要从实际出发，因势利导，既要注意农村产业结构的整体性、多层次性、动态性，又要保持农村产业结构的相对稳定性，只有这样才能使农村产业结构进入良性状态之中。一般来说，随着经济的发展和人民生活水平的提高，农村产业生产的横向结构中，畜牧业的发展会快于种植业，但是，畜牧业和种植业内部结构变动都将趋向于使居民生活质量得到提升和国民消费习惯发生变化；农村产业生产的纵向结构中加工、流通环节所占的比例会逐渐上升，生产环节所占的比例会适当下降。

二、农村产业生产结构的影响因素

研究农村产业生产结构，与确定农村产业发展的方针和道路有密切关系。例如，一个地区或一个国家，在农村产业发展方针上是以种植业为主，还是以畜牧业为主，这关系到农村产业生产结构的形成与变革的问题。一般来说，种植业、畜牧业与林业的比例，是农村产业生产结构的基本问题。但某些农作物生产种类结构的调整，也可以成为关系整个国民经济发展的重要问题。

农村产业生产结构的形成与变革受多种因素制约，主要有：

（一）自然资源条件是农村产业结构演变的客观基础

农村产业生产本质上属于一种资源型产业，它的主要对象是有生命的动植物，与自然资源条件的关系极为密切。首先，农村产业生产对自然环境条件有着一定的要求。如没有水资源，就难以发展渔业和种植业；没有牧草场，牧业的发展就会受到制约。因此，农村产业结构总是同一定的自然资源联系在一起的。其次，一个国家或地区的人口、劳动力、地理位置、经济发展水平、资本等条件也在一定程度上制约和影响着农村产业结构的形成和发展。

（二）社会需要是农村产业结构演变的导向

社会需求对一个国家或地区的农村产业结构有一定的诱导作用。古典经济学家亚当·斯密曾指出，不是因为市场上才有许多酒店，我们社会上有饮酒的风尚，而是由于社会上种种原因而产生了好饮酒的风尚，才使市场上有许多酒店。

农产品是用来满足人们基本生理需要的，这一特性决定的人口数量和消费构成均对农村产业结构产生重要影响。

一般说来，在同等条件下，人口越多对粮食的需求量就越大，为了解决吃饭问题，就容易形成以粮食为主的农村产业结构。消费构成是居民生活需求水平的质态表现和习惯。在居民收入水平不断提高的情况下，居民的消费构成由以食物消费为主转向其他，食物支出比重降低。农村产业是国民经济的基础产业，也是出口创汇的重要产业，随着工业结构的调整和国际贸易规模的扩大，对农副产品的种类和数量需求也在不断变化，相应的农村产业结构也随之发生变化。

（三）科学技术进步和生产力发展水平是农村产业结构演变的决定性力量

首先，通过科学技术的发展，可以开发新的农村产业资源，拓宽自然资源的利用范围，使新的产业或产品生产可以突破原有资源的制约而得以更好地发展；其次，科学技术的进步，可以为农村产业内部有限发展的产业提供先进的技术与设施，使其得以更快发展；再次，农村产业科学技术可以不断地为农村产业提供新的优良品种和先进的种植技术，从而不断推动农村内部结构、产品结构、品种结构、品质结构以及产品上市时间结构的优化；最后，我国农村产业结构的变化，在相当程度上受粮食生产水平的制约，而粮食生产水平的提高，最终取决于农村产业科学技术水平的提高。

另外，农村产业结构的形成和发展以及合理化程度主要是由社会生产力发展水平决定的，因为自然资源条件可以在先进的生产力水平下得到更合理的利用。同时，社会生产力发展水平又是构成生产力的一个物质要素；社会需求状况同样也取决于生产力的发达程度；社会经济制度和政府经济行为，也必须适应生产力发展状况和依据生产力发展的要求来调控。因此，在影响和作用于农村产业结构的众多因素中，决定因素是生产力发展水平。实践证明，生产力发达的国家和地区，能充分合理地利用资源优势，形成良性循环的农村产业结构。而生产力不发达的国家和地区，一般农村产业比较落后，农村产业结构基本上是单一的或"小而全"的。

（四）政府的经济行为是农村产业结构演变的政策保障

在既定的社会经济制度下，作为国家主体的代表——政府，将会根据经济发展的规律性，通过自身的行为，利用经济、法律、行政手段来调控农村产业生产过程，以实现其既定的经济发展目标。比如，当农产品和价格政策有利于生猪生产时，受比较利益的诱导，农民就会把有限的资源转移到养猪业上，生猪的产量就会上升、比重就会增加，农村产业结构就会发生变化。政府的产业政策及其相关决策是国家对农村产业结构调整进行宏观调控的重要手段。国家为落实既定的产业政策和相关决策，可以通过财政、信贷、税收等经济手段和行政手段按照产业政策的要求，促进或抑制农村产业内部某一产业或某种产品的发展，从而使农村产业结构向合理的方向发展，实现农村产业结构的优化和升级。

综合来看，农村产业生产是利用植物和动物的生物学特性进行生产的，自然条件对于农村产业生产结构的形成具有重要的制约作用。同时，社会经济条件变化，特别是工业发展也会引起社会对农产品需求的变化。一个国家的社会经济发展战略，特别是农村产业发展的长远方针与农村产业政策，往往都要求适当调整农村产业生产结构，但是这些要求都只是影响着农村产业生产结构的变化。农村产业生产结构的重大改变，主要取决于科学技术的进步和生产力发展水平的提高。

三、农村产业结构的评价

农村产业结构的合理程度是农村经济发展水平的标志之一。实现农村产业结构的合理化、科学化，无论是在"量"的方面，还是在"质"的方面，都必须遵循其客观规律，把握住农村产业结构的内在特性。

（一）建立合理农村产业结构的重要意义

1. 影响着农村产业自然资源的合理利用

任何一个国家或地区的农村产业自然资源都是多种多样的，不同的资源所适应的产业部门和项目也是不同的，所以农村产业结构只有同资源的特点相适应，才能提高农村产业的经济效益，促进农村产业的发展。

2. 影响着农村产业内部各个生产部门和生产项目之间物质能量的相互转化

农村产业结构合理与否关系着能否充分发挥农村产业多个生产部门、生产项目之间着物质能量的相互转化、相互利用关系。合理的农村产业结构可以促进这种关系，从而有利于农村产业生产的发展。

3. 影响着能否充分利用农村中的劳动力资源

农村产业劳动力资源能否被充分利用同农村产业结构的状况密切相关。因为不同的农村产业生产部门、不同的农村产业生产项目能够容纳的劳动力数量是不同的。

4. 影响着国民经济的发展是否能按比例满足各种农产品的需求

国民经济的发展需要农村产业按比例地提供各种农产品，农村产业生产能够满足这些需求，就能推动社会生产力的发展。而农村产业能否做到这点，以及能在多大程度上做到这一点，都同农村产业结构是否合理有着密切联系。

由此可见，农村产业结构合理与否，对于农村产业生产的发展和整个国民经济的发展都具有十分重要的意义。

（二）农村产业结构合理化的评价标准

农村产业生产结构的形成及其发展趋势受多方面因素的制约，衡量农村产业生产部门结构合理与否，需要从全局、多方面进行定性与定量分析。具体说来，需要从以下几方面做出判断。

1. 农村产业资源利用情况

农村产业生产结构是否合理要通过分析农村产业资源利用是否合理来判断，

农村产业资源利用情况主要包括各类土地资源、生物资源水资源及其他自然资源的利用率、劳动力利用率、农村产业副产品利用率等。通过以上指标，可以看出资源利用的深度和广度。农村产业自然资源、经济资源对农村产业生产中物质和能量的变换影响很大。充分而合理地利用有限的农村产业资源，是发展农村产业生产特别重要的一个问题，如果资源利用不充分，浪费很大，农村产业生产部门的结构自然就不合理。

2. 生态环境状况

通过对包括森林覆盖率、自然灾害发生率、土壤有机质含量、土质水质中有害物质含量等指标的考核，可以看出农村是不是进行了掠夺式经营，农村产业再生产能否呈良性循环状态。农村产业生产能直接影响生态系统，合理的农村产业生产结构能够保持生态平衡，使生态系统呈良性循环状态，农村产业生产中物质和能量变换也就比较顺利；反之，如果破坏了生态平衡，生态系统呈恶性循环状态，农村产业生产中物质和能量变换受阻，农村产业生产结构肯定不合理。因此，生态环境状况是评价农村产业生产结构合理性的一条重要标准。

3. 经济效益大小

经济效益是衡量农村产业生产结构的重要指标之一，主要包括农村产业劳动生产率、单位农产品成本、投入产出比、单位投资收益率、单位面积净产值、人均纯收入等。合理的农村产业生产结构，农村产业内部之间的比例协调，农村产业生产中物质和能量转换的效率必然较高、经济效益也必然较大。

4. 满足社会需要的程度

农产品是否满足社会需要是衡量农村产业生产结构是否合理的重要指标，包括主要农产品人均占有量、农产品商品率、农产品商品量、商品农产品总值、主要农产品人均消费水平等。通过以上指标，不仅可以看出农村产业中商品经济的发展程度，农村产业生产的专业化水平，各地的优势是否得以发挥，还可以从中分析农村产业生产结构是否符合国民经济发展的要求，在多大程度上满足了社会对农产品的需要。随着国民经济的发展和人民生活水平的提高，社会对农产品的需求不断增长，对各种农产品需求的数量和比例还会发生变化。在一定的农村产业生产水平下，合理的农村产业生产结构对于满足社会对农产品的需求具有重要作用。

5. 农村产业各部门协调发展情况

合理的农村产业结构应是农村产业各部门协调发展的结构。只有遵循农村产业各部门间相互促进相互补充的原则，才能实现相互间的协调发展。例如，林业能对其他各生产部门的正常生产提供保护，但这种保护只有当森林覆盖率达到一定比例时才能真正有效。因此，任何破坏农村产业各部门间有机联系的行为，均将导致农村产业结构趋向不合理。

以上评价和衡量农村产业结构的标准是相互联系、相互制约的。在评价农村产业结构时，应该从以上几个方面进行综合的考察。同时，评价一个地区农村产业生产部门结构的合理性，不能只看其微观经济效果，要把这个地区放在全局中考察，看看它对宏观经济带来了什么影响，只有这样才能得出正确的结论。

（三）农村产业结构合理化的评价方法

衡量农村产业结构是否合理，通常有四种方法：比重法、类比法、速度法和协调法。

1. 比重法

比重法是根据各个产业产值在产业结构中的百分比确定其合理程度。

2. 类比法

我们通常用一个地区的产业结构同另一个地区相比，来说明这个地区产业结构的合理程度。

这种类比法在条件大体相同的国家和地区之间进行比较是可行的。但是，形成产业结构是由许多因素促成的，既有自然因素，也有社会因素，还有历史因素，因此，类比法有一定的局限性。

3. 速度法

一个部门的发展速度同另一个部门的发展速度比较，或者用一个部门现在的速度同过去的速度比较，以此说明结构是否合理。

速度法也有局限性，因为速度快慢只反映结构在一定时期的发展状态，并不能确切说明产业结构的合理化程度。因此单一地用发展速度说明农村产业结构是不全面的。

4. 协调法

协调法就是从系统的观点出发，研究农村产业结构运动的内在规律，综合考察产生部门之间在一定时期的合理比例关系使产业结构在生产、分配、流通、消费各个环节不受阻碍地和谐进行。

要做到这一点，就要对产业部门的内部因素和外部环境做深入细致的研究。在研究方法上吸收比重法、类比法和速度法等方法的优点，进行综合研究。

（四）农村产业结构评价指标体系

1. 反映农村产业结构状况的指标

综合来看，衡量和评价农村产业结构的指标主要有以下三类：

（1）产出结构指标

①价值量结构，即产值结构，它是以货币形式表现的农村产业生产成果中

各产业（部门）或各类产品所占的比重，可用来衡量和评价横向结构中第一、第二层次的结构和纵向的农村产业结构。

②实物量结构，它是以实物计算的某类或某种农村产业产出中某种或某类农产品所占的比重，来衡量和评价农村产业内部各业的产品结构、品种结构。

（2）投入结构指标

①农村产业劳动力就业结构，它是指在全部农村产业从业人员中，农村产业内部各产业或某类、某种农产品生产经营所占用劳动力的比重，这是衡量和评价农村产业结构的另一个重要视角。

②农村产业生产用地的使用结构，主要是指各类、各种农作物播种面积比重，各类、各种林木的生产用地比重等结构指标，主要用于衡量与评价种植业与林业的生产结构状况。

③资产结构，通常以农村产业内部各业（部门）的固定资产存量比重和固定资产投资比重来反映，主要用于衡量和评价农村产业内部各产业（部门）的结构状况。

④科技投入结构，主要包括：不同文化水平的劳动力投入农村产业内部各产业（部门）的比重、农村产业技术人员投入农村产业内部各产业（部门）的比重、科技投资在农村产业内部各产业（部门）间的分配比重；科技成果推广项目在农村产业内部不同产业（部门）的实施比重。

（3）结构变化值指标

前述结构指标都是说明农村产业结构的静态指标，农村产业结构变化值指标则是反映农村产业结构变化程度的动态指标。

①结构变化总值，是指一定时期内农村产业内部结构变化的总量，说明农村产业结构总的变化程度。

②结构变化平均值，是指农村产业结构变化总值与计算期长度的比值，反映一定时期内农村产业结构的平均变化程度。

应该指出，结构变化值指标只能综合表明农村产业结构变动的程度，从其数值大小不能判断变动趋向及其合理与否。因此，实际应用中需要把这个指标同结构变化的具体方向结合起来，并根据上述标准和原则进行分析，才能得出正确的结论。

2. 反映经济效益的指标

反映经济效益的指标主要包括单位面积产量（产值、净产值、纯收入）、劳动生产率、单位产品成本、资金投入产出率（如投资利润率、成本利润率等）等。

3. 反映社会效益的指标

反映社会效益的指标主要包括农产品商品量及其构成、农产品商品率、主要农产品的人均消费水平等。

4. 反映生态效益的指标

反映生态效益的指标主要包括森林覆盖率、自然灾害发生率、土壤有机质含量、土壤和水中有害物质含量等指标。

第三节 农村产业生产布局

一、农村产业生产布局的概念

农村产业生产布局，是农村产业生产发展的一个重要侧面，是农村产业生产发展的一种地域表现形式，是人类社会自出现农村产业生产活动以来即存在的社会经济现象，是指各国各地区的农村产业各部门（农、林、牧、渔）及其各个生产门类、项目（农耕业中的粮食作物与经济作物，粮食作物中的水稻、小麦、玉米、高粱、薯类等，经济作物中的棉花麻类、甘蔗、甜菜、油料等）的地域分布，以及农村产业各部门及其各门类、项目的生产在一定地域范围的组合，又称农村产业配置。它包括农村产业各部门在地区内的分工和在一个地区内农村产业各部门的结合。前者反映农村产业生产的区间关系，表现为不同地区农村产业生产的专业化；后者反映一个地区的农村产业结构。

任何社会只要存在农村产业生产，就会形成一定的农村产业生产布局。封建社会因生产力水平低下，利用、改造自然的能力很低弱，故农村产业布局表现为分散性和自给自足性。资本主义社会时期，随着社会生产力的提高，人们利用、改造自然的能力大大增强，交通运输能力发达，农村产业布局往往表现为农村产业生产的地域化、专业化和商品化。在社会主义条件下，通过国家计划和市场调节，农村产业布局趋向各地区的合理分工和农村产业各部门的合理结合，并逐步由自给、半自给性生产转向较大规模的商品性生产，由单一农村产业经营转向农工商相结合的综合经营。现代农村产业生产布局的重要任务是适应国民经济发展对农村产业提出的要求，研究地区的自然、经济和技术条件，根据农村产业生产部门或某一项目对生产条件所提出的特殊要求，遵循客观规律，因地制宜地安排农村产业生产，在提高经济和社会效益的基础上，实现合理的地域分工，使中国农村产业生产逐步实现区域化、专业化、社会化和现代化。

二、农村产业生产布局的基本内容

（一）农村产业生产条件评价

影响农村产业生产的条件主要有农村产业自然条件、农村产业自然资源与技术条件等方面。缺少对这些条件的评价，就无所谓安排农村产业生产、进行农村产业布局。因此，分析、评价农村产业生产条件对农村产业布局的影响是研究农村产业生产布局的一个重要方面。

（二）农村产业部门布局

农村产业部门布局是在分析农村产业现状的基础上从各农村产业部门的生产特点出发，根据它们所需要的环境，结合各地区的生产条件，选择适宜区；并通过研究各部门的分布状况、发展变化特点和存在问题，确定农村产业各部门的发展方向、规模、水平、分布与增产途径的布局方案。

（三）农村产业生产布局

地区布局的方式是充分发挥各地的区域比较优势，进一步调整区域农村产业结构和生产力，根据国内国际形势发展的需要，按照当地竞争力，满足经济、社会发展和人们生存需要，提高农产品质量，降低生产成本、提高农村产业的整体发展和实现农村产业现代化。

农村产业的合理布局能促进农村产业发展，意义在于：①可以按照国民经济有计划地按比例发展，充分利用当地的农村产业资源以最少的投入达到产出的要求，在全国范围内实现地区的分工协作。②可以逐步实现农村产业生产的专业化和区域化，提高土地生产率和农产品商品率，提高科学技术和经营管理水平，提高设备利用率。③可以促进工业更快发展，从而加快农村产业现代化的进程。产业相互协调，减少和消除不合理的运输，降低成本。④可以协调经济发展和生态环境的平衡。⑤可以促进全国各地区经济的平衡发展，增进民族团结。⑥可以使各地区农村产业生产有明确的发展方向和奋斗目标，从而有利于充分发挥各地区、各单位的积极性和主动精神，推进农村产业的更快发展。

三、农村产业生产布局的原则

农村产业生产是在广阔的空间中进行的，由于农村产业生产的经济再生产与自然再生产交织在一起，农村产业生产与自然环境的密切联系决定了农村产业生产具有强烈的地域差异。然而，自然条件是农村产业合理布局的自然因素或自然基础。对农村产业生产布局起决定性作用的另一个因素是社会分工。因为社会分工促进了商品经济的发展，商品经济的发展促进了农村产业的专业化和地域化分工。农村产业生产布局是自然环境、地理位置和社会分工共同作用的结果。因此，在具体的农村产业生产布局中要考虑到以下几个基本原则：

(一) 充分合理利用自然资源和经济资源的原则

充分合理地利用自然资源、经济资源，是农村产业生产合理布局的首要原则。农村产业生产的劳动对象是有生命的生物体，它们都有着自然生长和繁育的规律，因此，农村产业生产的配置离不开地域特征与自然环境特征的研究和开发。只有因地制宜，才能趋利避害，建立合理的生物生态系统，提高自然资源的利用率和生产率，也才能提高劳动的社会生产率。在既定的自然条件下，经济条件对农村产业生产布局起着重要的影响作用。农村产业生产的合理布局是一个不断发展的过程，它以自然条件为基础，受到经济条件和技术条件的制约。经济的发展和科学技术的进步，使人们对开发自然资源、确定合理布局不断产生新的认识，不断调整布局，在经济不断发展的同时进入相对合理状态。

(二) 市场需求牵动原则

社会经济联系的整体性决定农村产业生产布局不能仅从农村产业部门发展出发，还必须考虑一定时期的市场需求，特别是一定地区的城市需求，即非农村产业的需求。农工商一体化的思想、城乡一体化的思想对于农村产业生产的布局是很重要的。在当前经济全球化趋势越来越明显的国际条件下，农产品市场越来越广阔，国际国内市场需求的牵动使农村产业生产布局越来越市场化。生活消费品市场、生产资料需求市场、交通运输条件的共同作用，使农村产业生产布局更具农工商一体化、城乡一体化特色。国际市场和国内市场联动，以城市和市场为中心已成为市场经济条件下农村产业布局的鲜明特点。

(三) 地区均衡布局原则

农村产业生产要突出地区特色，也要均衡布局，要实现全国农村产业生产的平衡发展。积极开发边远地区和贫困地区的农村产业资源既是一个农村产业经济问题，也是一个国民经济发展的战略问题。特别是山区少数民族地区、边远地区农村产业的发展，既涉及经济发展，也涉及政治稳定和国家安定。这些地区虽然人口不多，但地域广阔、资源丰富，只是交通等生产条件较差，从国民经济发展战略高度认识这些地区的农村产业发展问题，从资金、人才、技术等方面支持其农村产业生产和商品经济的发展是一件大事。

四、农村产业生产布局的影响因素

（一）自然因素对农村产业生产布局的影响

1. 自然环境

自然环境直接影响农村产业生产布局的选择。在各种自然条件中，降水、气温、日照等要素，往往能够决定某种农产品的布局区域。例如，棉花生产对日照的要求很高，日照时数低的地区就无法种植；茶叶对气温的要求很高，气温达不到的地方基本上无法种植。热带作物、亚热带作物和温带作物在生产地域上的区别等，都反映了自然条件是寻找合适种植地域要考虑的最主要的因素。在农村产业区划中进行农作物适宜区选择时，主要依据的也就是这几种自然条件的情况。

2. 自然资源

农村产业生产的产品直接取自于自然资源，它的分布必须与自然资源完全一致。农村产业的发展主要取决于土地的情况。但是，这并不意味着资源对人类的重要性在减弱，而是恰恰相反。由于人口的增长，生产总规模的不断扩大，人类所消耗的自然资源的总量与日俱增，而资源存量又十分有限，许多种类的资源正面临枯竭。因此，农村产业生产的合理布局，应充分体现出资源的合理利用和合理配置。

（二）社会经济因素对农村产业生产布局的影响

任何一个国家或地区的农村产业结构都不是一成不变的，影响农村产业结构发展变化的因素有自然条件、人口及其消费习惯、粮食供应情况、社会经济制度、交通运输和商品交换的发展、农村产业科学技术的发展应用等。有时这一因素起支配作用，有时另外一些因素起决定作用。从这一点来看，社会生产力发展在农村产业结构发展中起决定作用。人们不可能脱离生产力的发展来推动农村产业生产的发展，或者阻碍农村产业生产的发展。由于生产力是经常发展变化的，而农村产业结构一经形成就会有一种惯性。因而常常会出现农村产业结构不适应农村产业生产发展要求的现象。于是人们根据生产力发展的要求，需要经常注意去调整、改革过时的农村产业结构。这也就是我们之所以要研究农村产业结构问题的重要意义所在。

进行农村产业生产布局时，一般在符合国家或地区的经济发展需要的前提下以农村产业区划为依据，充分考虑下列原则：①扬长避短、因地制宜，根据国家需要和不同地区的自然和社会经济条件，部署最适宜的农村产业生产部门。②生产同原料来源和产品的加工、消费地区相结合，农村产业布局同工业相结合。如建立为工业和城市服务的工业原料、商品粮和副食品供应基地；在原材料产地建立相应规模的农产品加工工业体系等，以利于农村产业的专业化和商品化。③促进农村产业生产地区间的平衡发展，在农村产业发达和较发达地区发展生产的同时，扶持不发达地区的农村产业，使之尽快赶上生产水平较高的地区。

五、农村产业生产布局的分析与评价

为了使农村产业生产布局合理化，常需对原有的布局进行分析、评价。其方法除通过定性的分析、研究来揭示原有生产布局中的矛盾，提出改进建议外，还常借助定量分析。其他常用的方法还有投入产出法、线性规划法、系统动态分析法以及与之相适应的各种数学模型，如计量经济模型、投入产出模型、数学规划模型、系统动态学模型等。评价农村产业生产布局方案合理性的指标则包括产量指标（单位土地面积产量、总产量、商品产量）、产值指标（总产值、单位土地面积产值、商品产值）、成本指标（单位土地面积成本和单位产品成本）、劳动生产率指标等。此外，还要考虑生态效益与社会效益等方面的指标。

第四节 我国农村产业结构的优化与调整

一、我国农村产业结构的内涵及特点

农村产业结构指在农村经济中第一、第二、第三产业的比例关系和结合形式，通常用各产业的产值和各产业占用的劳动力数在农村经济总产值和农村总劳动力中所占的比重来反映。农村产业结构是指农村中各产业部门之间的比例关系和相互关系。它具体表现为农村劳动力、固定资产及其他资源在各产业之间分配构成的状况，是农村生产力结构的中心。农村产业结构不断调整优化，即农业从简单再生产时代的单一种植业结构，逐步优化调整为大农业结构，再继续上升到多元化产业结构，这种产业结构由单一到多元，逐步细化的过程，将使产业结构愈来愈合理，生态循环愈来愈平衡，经济效益愈来愈高，因此是一个产业不断升级进化的过程。这种不断升级的过程，是不以人们的意志为转移的，而是自然规律和经济规律的必然趋势，也是社会进步的客观要求。

改革开放以来，在党中央、国务院的正确领导下，我国农村进行的一系列具有重要意义的改革，这些改革在促进农村经济发展中发挥了巨大作用，也为农村产业结构调整营造了良好氛围。全国各地把农村产业结构调整作为促进农村产业和农村经济发展的重大举措。通过优化农村产业生产布局，统筹农村产业协调发展，提升农村产业发展水平，在农村产业结构调整方面取得了巨大成

就,有些乡村虽然进行了产业结构的调整,并且取得了喜人的成绩,却还存在如下问题:①产业结构不能及时根据市场需求的变化进行微调。大多数情况下,农村进行产业结构调整是在政府的倡导、动员下进行的。政府运用已有信息来指导农民种植的新品种、传授新技术等。一般以镇为单位培育新品种,全镇各村大面积种植,如果能够对市场信息做出的反应,这种方法还是可取的,但如果进行一次调整后便沿着这条路一成不变地走下去,农业就会从一种病态进入另一种病态。例如,每年的市场环境都会发生变化,如果不能及时捕捉市场信息进行相应的调整,就会导致增产不增收,甚至减收。政府由于其自身的局限性,无论是对信息的接受还是传送都存在时滞,农民往往投资于市场上已经饱和的产品,农民收入与预期相比大打折扣,积极性也由此受到影响。②产业结构调整只停留在种植层面,很少涉及加工业和畜牧业。大部分人都把农村产业结构简单理解为种植结构,而产业结构的调整就是在这上面做文章。很多村除了粮食作物外或多或少还存在其他资源优势,如有的村庄具有天然的牧场,有的拥有大面积的果园等,这些优势如果不能很好地利用就会造成资源浪费。拥有果园的农民经常由于当地需求不旺,收益过低,运往外地又会由于交通不便和保险、储运技术落后导致过高的销售成本,而宁愿让水果烂在地里充当肥料。如果此时加工业介入,不仅可以充分利用资源,而且可以提高农产品的价值。无论是改进产品的包装还是对产品本身的改变都是一个创新的过程,加工后的产品投放市场,价格会远远高于初级产品,它应成为农民收入增长的一个重要源泉。

要改变这种现状,关键在于把农村产业结构调整与农业产业化结合起来,把农业产业调整从政府行为转化为商业行为。在农民自身素质有限的情况下,只有依靠外界的力量来推动产业结构调整。政府作为行政机构在此只能扮演宏观调控的角色,而不能胜任指导具体生产经营的工作。而企业作为生产经营的主体,对市场信息反应更迅速,对市场机会把握更准确,对农村经济的发展会产生积极的带动作用。农村产业结构调整遵循的主要思路应当是"以外带内",通过外力的介入实现产业结构的调整。此外,加快农村基础设施的建设,加强技术支持和信贷支持,引入农业保险体系,加快农村的制度创新等都有助于农村产业结构的调整。

二、我国农村产业结构优化目标和内容

(一)我国农村产业结构优化目标

1. 效益是市场经济的核心

只有农村产业的行业报酬高,它在国民经济中的基础地位才稳固,才能使

社会农村产业以外的资本进入农村产业，提高农村产业资本的收益，也才能通过提高科技，实行专业化生产、扩大再生产。

2. 提高收入

长期以来，一直是中国农村产业政策的重要目标之一。调整农村产业结构，不但能直接增加农民收入，而且还能促进相关的非农产业发展，间接地为农民创造就业机会，同时促进小城镇的发展。

3. 提高国际竞争力

所谓国际竞争力，是指一国的特定产业通过在国际市场上销售，其产品反映出的竞争力。它是受一个国家要素条件、需求条件、相关辅助产业的状况、企业策略、机遇、政府行为等因素的共同影响而形成的。国际竞争力虽然主要以资源禀赋条件为基础，但也受到诸如相关产业、产品营销、产业组织以及政府政策等因素的影响。

中国农村产业发展的首要任务是提高农村产业的效益。随着农村产业的对外开放，中国农村产业如果能在更大的范围内配置资源，就可以使中国农村产业的比较优势更好地发挥出来。中国农产品在分级、包装、促销以及深加工等方面比较落后，影响了产品的国际竞争力，应加以改进。

（二）中国农村农业产业结构调整的内容

农村农业产业结构调整的基本思路，是在继续改善农村产业条件、稳定提高农村产业综合生产能力的前提下，适应农村产业发展新阶段的要求，面向国内外市场，依靠科技进步，着力改善农产品的品种和质量，发挥区域比较优势，大力发展高产优质的综合效益好的农业。

1. 种植业结构调整

种植业结构调整要坚持产量、质量、效益的统一。改良品种、提高质量，特别是要增加适销对路产品的生产，大力发展生产优质作物品种，建立优质农产品基地，提高种植业生产的经济效益，逐步形成粮食作物、经济作物和饲料作物的三元种植结构。

2. 林业结构调整

（1）扩大木本粮油作物的生产，增加木本粮油产品的供给量。可在长江以南的广大地区建设以油茶、核桃为重点的木本粮油生产基地。

（2）在继续重视林木产品的生产和发展的同时，加强对各种林特产品、林副产品的开发和综合利用，以更好地满足社会对林产品质量和林产品多样化所提出的要求，增加林产品总量，提高林业的经济效益。

（3）草、灌、乔结合，长、中、短周期林产品生产结合，加强林业资源的多层次利用。多发展投资少、见效快的工业原料和各种名特优新经济林、森林药材、香料等生产，以改变长期以来林业投资周期长、见效慢、占用资金多、经济效益低的格局。

3. 畜牧业结构调整

根据中国人多地少、非粮食饲料资源丰富的国情，大力发展耗粮少、转化率高的畜禽产品生产，特别是增加秸秆和草料转化利用率高的牛、羊、兔、鹅等品种，大幅度提高食草性动物的商品产量。适应中国居民的肉类消费特点和需求变化，稳定发展传统的大宗消费畜禽产品如猪、鸡、鸭等肉类和禽蛋生产，加快品种改良速度，重点发展优质猪肉和禽肉生产，提高优质产品所占的比重。根据区域资源特点，建立不同类型的畜牧业专业化生产区。东部发达地区和大中城市郊区，突出发展集约化程度高的现代化养殖，重点发展产品科技含量高、品质好、市场竞争力强的外向型畜牧业；中西部欠发达的传统农区，重点发展饲料工业和开发非粮食饲料资源，在发挥传统养殖优势的同时，积极采用现代先进科学技术，实现饲养品种和养殖方式的突破，建成中国畜产品生产基地和主产区；中西部欠发达的牧区及半农半牧区，大力改良草场和改革落后的养殖方式，全面提高草地生产力，重点发展特色优势畜产品和生态型畜牧业。大力发展畜牧业的后向及前向产业。前向产业重点是要调整饲料工业布局，促进原料基地与养殖基地的协调布局，优化饲料生产结构，合理开发利用各种资源。后向产业要针对畜产品加工业发展滞后的突出问题，加快畜产品加工业的发展，推进畜牧业的产业化经营，实现畜产品的多次转化增值，提高畜牧业的综合效益。

4. 渔业结构调整

加快发展水产养殖业，保护和合理开发滩涂、水面等宜渔资源，加速品种更新换代，发展名特优新品种的养殖。调整养殖模式，重点发展高效生态型水产养殖业，积极发展高科技工厂化养殖，因地制宜地发展水库和稻田养殖。稳定近海捕捞，加强保护近海渔业资源，完善休渔制度，严格控制捕捞强度，减少捕捞量。大力发展远洋渔业，不断扩大国外作业海域，加强国际渔业合作，大力发展水产品的精加工、深加工和综合利用，重点抓好大宗水产品的保质和低值水产品的深加工，提高水产品质量和附加值。

三、我国农村产业结构优化原则

农村产业结构调整必须有明确的目标和原则，否则就会使整个调整工作陷入盲目的局面，会给社会经济发展带来不良后果。调整农村产业结构的目标是要以最少的人力、物力、财力、能源的投入，取得最大的社会、经济、生态的综合效益，并执行联合国粮农组织与荷兰政府向全球发出的《关于可持续产业与农村发展（SARD）的丹波斯宣言和行动纲领》所确立的三个基本目标，即：稳步增加粮食生产，确保食物安全；促进农村综合发展和增加农民收入，消除农村贫困状况；合理利用和保护自然资源，维护和改善生态环境。在这个前提下，使农村产业结构日趋合理，促进农村经济的全面协调发展，不断改善人民的物质文化生活，调整农村产业结构。鉴于此，结合上述农村产业结构现状以及暴露出来的相关问题，我们在未来的产业结构优化和调整工作中，要注意把握好以下基本原则。

（一）因地制宜原则

合理的农村产业结构必须与当地自然经济条件特点相适应，不同地区农村产业结构能否与当地的资源、地理、生态环境以及技术进步、经济发展和市场状况相适应是农村产业结构是否具有长期合理性的基础。衡量农村产业结构是否优化的首要标准就是能否充分有效地发挥当地资源优势，并使其优势长期保持，资源永续利用。因此，农村产业结构在进行调整时，要坚持因地制宜原则，以保证各种资源被更好地利用，以最大限度地提高经济效益为目标，使不同地区的产业结构各有侧重、各有特色，发展自己的优势产业和拳头产品。因地制宜原则既强调发挥资源优势又强调将资源优势转化为经济优势、区域优势，针对实际情况"有所为，有所不为"。

（二）坚持二元导向原则

在农村产业结构调整中，不少地方将过去的以政策主导型急转为现在的以市场主导型，这是从一个极端走向另一个极端。其实，在农村产业结构调整中，政策导向和市场导向同等重要，特别在目前农村经济结构调整的过渡时期更应兼顾政策主导。日本等市场经济发达的国家，为了粮食安全，采取限量、限质的高价保护收购政策。政策导向能够体现农村产业投资趋势，也对农村产业结构调整起着非常重要的作用。

（三）协调发展原则

生产比较落后，第一产业与各产业之间发展水平也不平衡，目前，我国农村第二、第三产业发展与各产业部门内部生产项目之间未能配套，协调发展综合效益差。合理的农村产业结构应能做到产业部门之间和产业内部对资源利用和配置的优化组合，互相促进，以实现农村中的农、林、牧、渔、工、商、运、建、服务等各个产业全面发展，共同提高。农村产业结构的调整是一个循序渐进、协调发展的过程，盲目追求高科技会给农村产业发展带来不利的影响。比如，盲目建立工业小区，划定大面积耕地造成土地浪费现象比比皆是。

（四）综合效益最佳原则

农村产业结构的调整过程，也要与增长方式的转变结合起来，要由粗放型转向集约型，要重视劳动密集型产业的发展，以增加劳动力就业机会，既有经济效益又有社会效益。效益最佳的标志就是经济效益、社会效益和生态效益的完美统一。经济效益是农民、农村产业、农村赖以存在和发展的物质基础，农村各项新兴产业的形成，农村各种基础设施的建设，农村产业新产品的开发等表现为现实的经济活动。作为项目投入的经济活动，必须讲究投入产出比，即讲究经济效益，宏观的与微观的、直接的与间接的、眼前的与长远的经济效益都应追求。按照经济发展的根本目的，合理的农村产业结构应能促进各业生产经济效益的不断提高。而农村经济又是个多功能的生态经济系统，发展农村产业生产和农村各种产业，还必须有良好的生态环境，合理的农村产业结构必须能够保护和促进生态平衡，实现农村自然生态良性的物质与能量循环。社会效益同样是农村产业结构调整中不可忽略的问题，农村产业结构的基本目标是增加农民收入，满足农民的物质文化需要。结构调整应正确处理经济效益与社会效益、生态效益的关系，在保证生态效益和社会效益不断提高的基础上实现全社会经济效益的最大化。

（五）整体性原则

从全国整体性出发，一是要从组织整体性角度出发，在全球化背景下对我国农村产业结构进行调整，实现专业化生产布局，创新农村金融组织制度，建立农村产业结构调整基金；二是农村产业的经营必须实现一体化和大市场化，必须树立整体性观念；三是建立农村社会化服务体系；四是要站在市场经济整体性高度，完善农地产权制度，构建独立的农村产业市场化微观主体；五是要从农村产业整体出发，加快农村科技产业化发展；六是要从城乡产业整体性角度推动乡镇企业发展，加快小城镇的建设。在新的历史时期调整农村产业结构，必须自始至终贯彻小城镇建设原则。

（六）粮食安全自主原则

粮食是人们生活的基本消费品，我国对粮食有着巨大的需求，如果这一需求得不到基本满足就难以保证社会政治经济生活的安定，就难以保证国民经济稳定、持续的发展。因此，在农村产业结构调整中我们必须要保证粮食生产的安全。必须强调，我国的粮食供应一定要建立在自主的基础上，如果完全或绝大部分要依赖国际市场，我们务必要受制于人，要承受较大的国际市场风险，难以对我国巨大的消费需求提供保障。我国农村产业结构战略性调整的重要前提是粮食生产能力提高，如果在调整过程中不注意保护，破坏了这个前提条件，粮食出了大问题，不仅调整过程会中断而且会造成更为严重的后果。

（七）主体自主原则

农民是农村产业经济和农村经济的主体，也是农村产业结构调整的主体。

我们要充分尊重农民的生产经营权，如何进行农村产业结构调整应由农民自主决策，绝不能由别人包办代替，结构调整的目标最终要靠农民去实现，政府只能通过制定和完善有关政策法规，提供信息、技术等各种服务，引导、帮助和支持农民自主调整农村产业结构。

（八）动态渐进原则

产业结构的演进和提高是一个动态过程。农村产业结构的调整和优化取决于多方面条件的配合，受多方面因素的影响。因此，我们必须充分认识农村产业结构调整的复杂性和长期性，采取积极稳妥的步骤，有计划地逐步推进，不能操之过急，企图一步到位，否则，只能是适得其反，事与愿违。

四、我国农村产业结构优化调整对策

（一）注重市场导向，拓宽流通渠道

在农村产业结构调整中，要注重市场导向，指导农民根据市场的需求合理安排产业结构和生产规模，充分发挥资源优势，并且使资源优势转化为商品优势和市场优势；要发挥政府宏观调控的作用，以市场为导向，加强农产品市场体系建设；要通过深化农产品流通体制改革，搞好农产品流通，解决农产品生产与市场脱节销售不畅的问题；要统一规划、合理布局，完善配套设施，提高农产品市场体系建设和管理水平，要加强产地批发市场建设，进一步完善销地批市场；要加强农产品储运、加工、分级分类包装及信息服务等市场配套设施建设，要规范批发价拍卖样品交易等市场，积极培育代销商、批发商等中介组织，改进交易方式，逐步向公开方式过渡。有条件的地方，可以发展生产基地与连锁经营配送中心，拓宽农产品流通渠道和市场，要进一步推广"绿色通道"，清除各种关卡和杜绝乱收费等紧密结合的新型流通方式，保证农产品特别是鲜活农产品的运销通畅。

（二）依靠科技创新，促进产业升级

农村产业结构调整应加大新的生产技术和管理技术的推广，全面提高农产品的科技含量，大幅度提高商品质量，以此提高市场竞争能力和商品增值能力。同时要实施科技引进，围绕优势特色产业开发，加强技术引进、消化、吸收和创新。加强科技攻关，以市站所和县（市）、区农村产业中心为龙头，积极同科研部门及龙头企业合作，解决生产中存在的问题。还要加强农村产业科技的转化力度，充分发挥好农村产业科技示范园的窗口作用、基地作用、示范作用、导向作用，及时推广农村产业新科技，抓好种子优化工程、技术更新工程、设施农村产业工程、创新品牌工程绿色食品工程、人才培养工程等。总之，要推

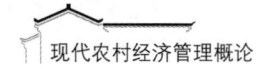

进科研和生产的有机结合,把有比较优势的农村产业整合成有竞争优势的产业。

(三)加快农村产业链建设,提高农村产业链管理水平

目前中国农村产业链管理还处在初级阶段,需要大力倡导,加强管理。农村产业链管理的主要内容涵盖四个方面:价值链管理、组织链管理、信息链管理和物流链管理。要通过加强农村产业产供销或农产品上下游之间的组织、信息、价值和物流的沟通与协调,拉长并加强产业链条,增加农产品的附加值和竞争力。

(四)加大培训力度,调整农村劳动力就业结构

提高农民科技素质是提高农村产业竞争力的重要基础工作,各级政府应搞好农民科技培训,从本地区农村产业状况和农民实际需求出发,安排培训内容,提高培训的针对性和实用性。要结合科技之冬、科技之春活动,举办各种类型培训班,搞好农民适用技术培训。同时要拓展非农产业的就业增收空间,如加快小城镇建设,有组织地对内、对外劳务输出等。

第五节 农村产业经济管理发展趋势分析

伴随世界经济全球化进程的不断推进,各国经济紧密地联系在一起,我国作为以农村产业经济为基础的大国,备受世界瞩目。且作为世界经济的重要组成部分,我国经济的发展对世界经济的发展起到重要作用。农村产业经济在我国国民经济中处于基础地位,因此,农村产业经济的发展直接关系到我国经济的整体发展,农村产业经济管理是保证农村产业经济合理发展的关键,国家必须加大对农村产业经济的管理力度,提高农村产业经济的产值。

(一)管理信息化

伴随我国信息技术的快速发展,信息技术已应用到了各个领域中,大大提高了各行业的工作效率。在农村产业经济的未来发展中,农村产业经济管理也正朝着信息化方向发展,从而提高管理效率,促进我国农村产业经济的发展。现阶段,我国农村产业经济已经逐渐向信息化转变,在农村产业经济发展中起到了很重要的作用。信息化的农村产业技术对农村产业科技成果向农村产业生产力转变有推动作用。农村产业经济管理信息化极大地提高了农村产业管理水平,因此,要使管理人员不断认识到信息化管理的重要性,提高管理效率。农村产业经济管理信息化就是对农村产业生产、农村产业管理及科研成果的相关信息进行收集和处理,为农村产业经济决策奠定基础。农村产业经济管理信息化的建设,不但能提高管理水平,提高工作效率,而且可以促进农村产业经济

的发展。

(二) 管理产业化

我国农村产业化的全面推进,不仅促进了农村产业经济发展,而且加快了农产品基地的建设。我国出台了一系列农村产业合作政策,农村产业经济合作组织逐渐建立起来,随之成立了许多服务中介组织。基于利益政策的基础上,农村产业经济产业化进程也在不断推进,提高了农村产业市场化。农产品基地逐渐增多,生产变得标准化,提高了农产品的质量,有更多的农民加入企业中,不但促进了农村产业经济的发展,而且提高了农民的收入。

(三) 管理体制的不断创新

为适应我国农村产业现代化的建设需求,不断创新农村产业经济管理体制是其必要条件。农村产业现代化要跟上时代以及社会的发展,扫清农村产业经济发展路上的障碍,促进我国农村产业经济的平稳发展。因此,要加强农村产业经济管理体制改革,同时要充分发挥政府宏观调控的职能,加大对农村产业经济发展的扶持力度。要不断开发先进的农村产业技术,适当调整农村产业经济结构,增强管理人员的综合素质,等等,最终逐步实现农村产业现代化,推动我国经济的发展。

第二章 现代农村经济管理中的生产要素管理

第一节 人力资源管理

国内外学术界从不同层面对"人力资源管理"进行了界定。我们从课程分类层面看,可以把人力资源管理分为宏观管理和微观管理。从宏观管理角度来说,人力资源的管理是对整个社会的人力资源进行计划、组织、控制,从而调整和改善人力资源状况,使之适应社会再生产的要求,保证社会经济的运行和发展;从微观管理角度来说,人力资源的管理是通过对企业、事业组织的人和事的管理,处理人与人之间的关系,人与事之间的配合,并充分发挥人的潜能,对人的各种活动予以计划、组织、指挥和控制,以实现组织的目标。由此,我们可以把人力资源管理阐释为:运用科学方法,协调人与事的关系,处理人与人的矛盾,充分发挥人的潜能,使人尽其才、事得其人、人事相宜,以实现组织目标的过程。

一、农村人力资源状况

我国从20世纪70年代末开始,在人口与经济、社会、资源、环境之间的矛盾影响下,把实行计划生育、控制人口数量、提高人口素质确定为一项基本国策,并在《中华人民共和国宪法》中做了明确规定。但是农村人口增长速度还是居高不下。农村人口的急剧增长和农村经济的发展,使人类与自然关系逐渐变得不和谐,从而造成了许多灾难性的后果。为了处理好人与自然的关系,针对农村人力资源的开发,农村人力资源管理应运而生。农业在进入可持续发展阶段后,农村人力资源的管理是其发展的内在动力。

根据国家统计局相关调查,农村劳动力文化素质高低与生产要素的投入、占有、使用及经营效益呈正相关,农村人口受教育程度与经济收入有最为直接的关系。农村人口素质对消除目前分配上存在的"脑体倒挂"现象,使收入分配趋于合理也有着重要的影响。所以加强教育,开展技术培训,大力提高农村人力资源水平刻不容缓，提高人力资源水平是消除农村贫困、增加农民收入、推进农业可持续发展的内在动力。实施乡村振兴是党中央在全面建成小康社会决胜阶段、解决好"三农"问题的新方略，为社会主义新农村建设在升级中指明了方向。乡村振兴既不是就农村而谈农村，也不是简单的"城市反哺农村""将农村城市化"，而是要把城市和农村对接融合，达到共同发展的目标。要遵循乡村自身的发展规律，走特色发展的道路，补短板、扬长处，注重内外兼修，使人尽其才、事得其人、人事相宜，共同促进农村生态、产业、文化等方面的发展。

乡村振兴，人才为先。农村建设的一个重要原则就是"以人为本"，实现乡村经济、社会、文化等的发展，需要"有文化、懂技术、会经营"高素质农民积极参与，要靠人才推动。要实行有效的人力资源管理，才能够让各类人才在农村大显身手、各展其能。农村人力资源管理既可以满足农村产业结构调整升级的需要、农业可持续发展的需要，又可以满足农村劳动力返乡创业的需要，所以加强农村人力资源的管理在当前是非常必要的。

云南省大理白族自治州近年来在加强农村基层带头人队伍建设、加强农村实用技术等人才培养、积极培育地方特色农业和充分发挥志愿者服务组织和志愿者作用等方面都做出了不断的努力。与此同时，不断增强社会各界的参与度，致力打造有个人参与、家庭参与、企事业单位参与、党政机关参与、社会组织参与的工作体系，尽可能形成乡村振兴的强大合力。

二、农村劳动力利用率

农业劳动力利用率是投入农业生产经营活动的劳动力数量与拥有农业劳动力总量的比值。一般情况下，其比值越大，农业劳动力的利用程度就越高。对于农业劳动力利用率问题，从社会经济发展的角度看，应使社会总劳动量在城乡各经济部门的分布趋于合理，使社会总劳动量获得有效的利用，从农业内部看，应首先将种植业的多余劳动力向林、牧、渔业转移，使农业内部的劳动力分布处于较好的利用状态。

中华人民共和国成立以来，人口增长过快，农村剩余劳力过多，长时期缺乏有效的政策措施推进农村劳动分工，及时而迅速地将多余劳动力向农外产业部门转移，使大量过剩劳动力长期在"集中劳动""统一分配"下被掩盖起来。

以大理白族自治州为例：大理白族自治州是农业大州，总面积2.95万平方公里，山区面积占93.4%，坝区面积占6.6%。全州辖12县市110个乡镇，共有行政村、居民委员会1157个。截至2017年年底总人口为361.88万人，乡村人口为272.52万人，全州乡村劳动力资源数181.70万人。乡村从业人员

168.32万人,其中,农业从业人员113.20万人,外出务工劳动力57.16万人,长年外出务工人员46.29万人。从这个数据上可以反映出我州农业从业人员仍然占了较大的比重,大部分的农村劳动力主要还是从事农业经营活动。

大理州各县市因地制宜,突出县市特色和产业,积极实施"劳务品牌"战略,按照整体规划、分步实施、因地制宜、分类指导、多方联动的要求,我州目前已经形成大理石匠、大理美业、鹤庆银匠、剑川木雕、南涧跳菜、弥渡餐服、宾川果农、金花家政、漾濞核桃技师、白族扎染、巍山小吃、洱源梅果、云龙茶工、永平黄焖鸡、祥云菌加工等"劳务品牌"。通过树立劳务品牌带动全州转移就业人员达5.8万人,其中特别突出的有:在知名企业"海底捞"集团就有1万多弥渡籍务工人员,形成了"弥渡餐服"劳动品牌。近年来,鹤庆县"鹤庆银匠"的品牌正在逐渐打响。该县转移到州外、省外就业创业的银铜器加工艺人越来越多,仅在西藏的就有2400多人。剑川县是中国木雕之乡,市场对木雕产品的需求量大,因地制宜、就近就地转移就业人员成为转移就业特色之一。剑川木雕已形成品牌,辐射带动全县木雕从业人员从原来8000多人增至2万多人。

其中较为典型的案例是:永平县永启公司由返乡农民工肖永启创建,公司现有固定资产1200万元,厂区占地20余亩,固定职工56人。永启公司是一家以家用铁艺家具、圆钢钉制作为主要经营范围,以时尚高中档藤编休闲餐椅系列为核心服务内容,集设计、开发、生产、销售于一体的手工制作企业。在精准扶贫、精准脱贫中,以当地藤编龙头企业永启金属制品公司为基地,分别在各乡镇设立藤编产品集中收购点,通过大批量开展"永平藤编工"技能培训,让经过培训掌握技能的学员在家中生产藤编产品,使每个家庭都成为一个生产车间。编织出的产品集中交给公司设在乡镇或村的接货点,运往公司统一销售,让无法离乡的贫困劳动力,特别是残疾人和农村妇女都能够参与其中,获得收入、实现脱贫。企业针对老弱者、妇女、残疾人"留守一族",开创"扶贫车间",使周边地区1380户、4000多人在家门口实现就业。其中,建档立卡贫困户1100人、残疾人260人,年均支付工资510多万元,使留守贫困人口、残疾人等实现脱贫致富。

三、优化人力资源管理

人力资源优化是根据农村总体战略目标,科学地计划、预测农村经济在变化的环境中人力供给和需求的情况,从而制定出必要的政策和措施,以保证农村经济在需要的时间和需要的岗位上获得需要的人力,为实现农村经济发展战略目标提供服务。制定规划,既可以保证人力资源管理活动与农村经济发展战略方向目标一致，又可以保证人力资源管理活动的各个环节相互协调，避免不必要的冲突。与此同时，在实施农村经济发展战略规划时，还必须在法律和道德观念方面创造一种公平的就业环境。切实做到将人力计划、人力增补和人员培训三者相结合，合理规划人力资源发展；合理改善人力资源分配不平衡的状况，促使人力资源的合理运用；适时、适量、适质地配合组织发展的需要以及通过人力资源效能的充分发挥，降低用人成本。农村人力资源规划流程如图2-1所示。

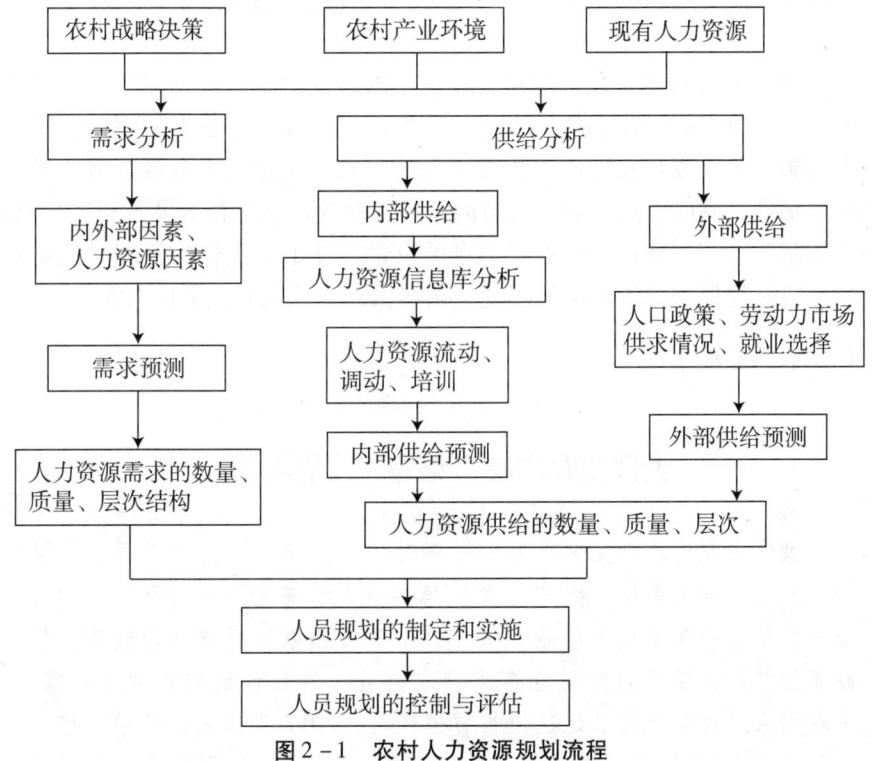

图2-1 农村人力资源规划流程

我们在对人力资源进行优化管理的时候要注意的内容主要包括：

（1）预测和规划本组织未来人力资源的供给状况。对本组织内现有的所有人员的年龄、性别、有关技能、职业方向等方面的信息资料进行预测。分析组织内人力资源流动、调动的情况，相关部门工作岗位设置的情况、人数需求的情况以及人员培训的情况等。

（2）对人力资源的需求进行预测。在预测和规划本组织未来人力资源的供给状况的基础上，根据农村经济发展的战略目标预测本组织在未来一段时间需要什么样的人才，对需要的数量、质量、层次都要进行充分的预测。

(3) 进行人力资源供需方面的分析比较。预测出未来一段时间内人员的短缺或过剩的情况，还可以了解到每个岗位上人员余缺的情况，预测需要具有哪一方面知识、技能的人员，这样就可以有针对性地挖掘、培养相关方面的人才，并为组织制定有关人力资源的政策和措施提供依据。

(4) 制定有关人力资源供需方面的政策。这是人力资源总体规划目标实现的重要保证。通过人力资源供给测算和需求预测比较，组织应制定相应的政策和措施，并在有关的政策和措施审批后具体实施。例如，与人力资源开发有关的员工职业技能的培训、专业人才的培养、人员接替轮换方案以及员工职业生涯规划等。

(5) 评估人力资源优化的效益。在进行农村人力资源规划时人力资源管理工作的重要部分直接影响到各种人员的配置问题。在一个长期发展的阶段，农村人力资源状况始终与农村产业化需求保持一致。优化人力资源，需要进行实时动态地管理，顺应农村产业化发展的需求，对管理过程和结果不断进行监督、调整、控制、考核与评价，并重视信息的反馈，使不断优化的管理方式更加切合实际，更好地促进组织目标的实现，切实做到上承战略，下接人才。

【案例链接】

大理州农广校"党建+技能培训"

大理州农广校党支部以习近平新时代中国特色社会主义思想和党的十九大精神为引领，把"三农"思想融入教育培训全过程，以学习交流农业生产先进技术经验为依托，引领全州农民强化学习教育，提高素质技能，鼓励组建成立各类涉农企业，带领各地群众增收致富。大理州农广校党支部书记、校长曹德贵说，2017年以来，共举办培训班和培训会1000多场次，培训农民10万多人次；新型职业农民组建各类涉农企业300多家，带动农户5000余户。

党员带头讲政治，振兴产业好脱贫。全州各级农广校在基层党组织的引领下，党员教师充分发挥强化教育培训的先锋模范作用，肩负起提升贫困户技能水平与综合素质的重要职责。始终把农民教育培训作为产业精准扶贫和精准脱贫重要抓手，让贫困人群优先参加专业技能、专业服务培育。组织师资、专家和农技人员深入贫困村，面向务农贫困户，开展全产业链培养和后续跟踪服务，通过延伸培训、参观考察、政策咨询、互动交流等多种形式做好脱贫一线跟踪服务工作。

2017年，共组织贫困地区培训2112人，收到良好效果。

学员引领探新路，创新模式好致富。云龙县农民杨吉斌，以开发本地高寒山区特产作物苦荞为主，创办了云龙山风食品厂。经过多年的发展，杨吉斌的食品厂已建成年产200吨的生产线，产品远销广东、天津、上海等地，实现年产值200多万元。同时，杨吉斌还成立了云龙县农欢重楼种植专业合作社，吸收101户农户成为社员，以"党支部+合作社+基地+农户"的形式，种植珠子参等中药材，为当地农户拓宽了脱贫致富的路子。

杨吉斌只是大理州参训农民以特色产业带动群众增收致富的一个缩影。近年来，大理州农业部门紧密结合基层党建与脱贫攻坚"双推进"的部署要求，创新推广经营主体带动、产金互促、互助资金、电商带动、旅游扶贫、供销扶贫等6种产业扶贫模式，遵循"扶贫必扶智"理念，围绕特色产业提质增效目标，协调组织全州40多个培训机构精准培育农民，有效带动贫困山区群众脱贫致富。截至目前，全州累计培育农民13906人，有221户农业龙头企业和5805个农民合作社的骨干人员参加培训，带动建档立卡贫困户15945户、41929人，人均增收2661元。

（来源：《中国组织人事报》2018年8月6日）

第二节　农村资金管理

目前农村经济的发展主要以农业中小企业的发展为主，这些农业中小企业已经成为我国国民经济中重要的组成部分，是推动我国经济发展的重要力量。但是相对于一般工业企业来说，农业中小企业属于弱势企业，其受到最大的限制就是融资渠道受限。要解决这一问题，首先要明白资金在农村集体资产中的地位，了解当前的农村资金管理政策，其次要了解适应农业中小企业筹资的新品种并科学地选择融资渠道。

一、农村资金的概念及分类

农村集体资产的管理主要是对资产、资源和资金的"三资管理"。农村集体资产主要包括村民委员会依法拥有的各种财产、债权和其他权利，要按照国家和省、市、区有关规定清产核资、明晰产权、登记造册，确认其所有权和使用权，核发证书；农村集体资源主要包括一切可被村民委员会开发和利用的物质、能量和信息资源，比如土地、林木、荒地、水利等，其经营方式必须经村民会议讨论决定，采取公开招投标交易的形式有偿转让其经营使用权；农村集体资金包括农业再生产过程中物质资料的货币形态，主要分为流动资金和固定资金，比如现金、银行存款、短期投资、内部往来、应收账款等。严格执行国家《现金管理暂行条例》，建立健全现金内部控制制度。从企业发展角度来说，"三资管理"中第一步需要考虑的必然是资金的筹集。

"资金筹集"是指通过各种方式进行资金的筹措以满足企业生产经营过程中所需要的货币资金。都说"巧媳妇难为无米之炊"，资金筹集是企业资金运动的起点，筹资活动是企业生存和发展的基本前提，如果资金链条断裂，那么企业将难以生存，更不可能谈发展，所以资金筹集对企业的生存和发展尤为重要，企业应科学合理地进行筹资活动。

然而，这些资金的来源与筹集的方式不同，所带来的筹资成本和筹资风险也不同。所以，企业在进行筹资的过程中，需要考虑哪些来源与方式才是对企业筹资最有利的，如何使筹资成本和筹资风险降到最低。

二、农村筹资管理

农业经济是我国重要的经济组成部分，农业中小企业在稳定农业经济发展、吸收农村就业人员和提供社会服务等方面发挥着重要的作用，有利于经济的发展和社会稳定，有助于推动经济增长。

1. 农业中小企业筹资的财务指标分析

财务分析指标一般包括偿债能力分析指标、获利能力分析指标以及资产管理分析指标。

农业中小企业偿债能力的分析包括短期偿债能力和长期偿债能力的分析。分析中小企业短期偿债能力的指标包括"流动比率""速动比率"；分析长期偿债能力的指标包括"资产负债率""产权比率""利息周转倍数"等。其中重点考虑的是：流动比率=流动资产/流动负债，表明短期内偿还流动负债的能力。资产负债率=负债总额/资产总额，表明负债融资占总资产的比重，能够分析在清算时保护债权人利益的程度。

分析中小企业获利能力的指标主要包括"销售毛利率""销售净利率""投资报酬率""所有者权益报酬率"。其中重点要考虑的是：销售净利率=净利润/主营业务收入，表明企业每一元的收入所带来的净利润是多少。

分析中小企业资产管理能力的指标是各项资产管理比率（即营运效率比率），主要以周转次数和天数来表示。其中流动资产管理能力分析的指标主要包括"应收账款周转率""存货周转率""流动资产周转率"。其中重点考虑的是：应收账款周转率=（期初应收账款+期末应收账款）/2，表明应收账款的流动速度；流动资产周转率=主营业务收入/流动资产，表明了流动资产的利用程度；总资产周转率=主营业务收入/平均资产总额，表明了企业总资产的管理能力。

2. 筹资方式的选择

目前，我国的筹资方式很多，但是在农村中小企业基本上以农业中小企业为主。由于农业产业的弱质性，使农村中小企业面临着极大的风险，所以筹资方式比较单一，基本上还是以银行贷款和农村村级范围内筹资及民间借贷为主。为规范农村村级范围内筹资、筹劳的管理，减轻农民负担，保护农民的合法权益，促进农村经济的发展和农村社会的稳定，根据《中共中央、国务院关于进行农村税费改革试点工作的通知》和《中华人民共和国村民委员会组织法》的有关规定，农业部制定了《村级范围内筹资筹劳管理暂行规定》。该规定明确指出农村范围内筹资，主要用于本村范围内农田水利基本建设、植树造林、修建村级道路等集体生产、公益事业。

当然这些方式的选择也存在一定的问题，特别是银行贷款和民间借贷。例如，通过银行贷款无论是贷款程序、信用评价标准还是贷款额度都受到极大的限制；民间借贷从办理手续、利息等方面也会产生一些不利于社会稳定的因素。

从农村农业中小企业筹资方式的选择来看，应从以下四个方面进行改进：

（1）完善农村农业中小企业融资的政策。完善政府对金融机构支持科技型、成长型的农村农业中小企业融资实行减税、贴现、补贴等优惠政策，以调动金融机构为农村农业中小企业融资的积极性。针对农村农业中小企业面广、布局分散的特点，政府可以实行分类指导、鼓励优胜劣汰的竞争措施。对有销路、市场前景广阔、技术创新能力强、效益好的农村农业中小企业进行重点扶持，实行扶优扶强，最后由强带弱，带动农村整体经济的发展。

（2）建立健全中小企业信用贷款服务体系。认真贯彻货币信贷政策的要求，发挥国有商业银行中小企业信贷部门的经营作用，通过改革信贷管理程序、完善信用评价标准，扩大授信范围。下放信贷权限，提高基层分支行营销积极性，与此同时，要健全中小金融机构组织体系，鼓励非公有资本参股商业银行和信用社，引导农民、个体工商户和小企业入股农村信用社，以改善股权结构，创办区域性股份制中小银行和合作性金融机构。另外，可以利用税收优惠、利率补贴、再贷款、再贴现等政策，鼓励银行提高农村农业中小企业贷款比例。

（3）规范民间借贷市场。民间主题的融资活动在办理手续、利息等方面也会产生一些不利于社会稳定的因素。但是不能简单禁止，而是要用地方性法规

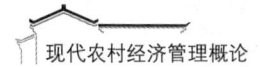

明确融资双方的权利和义务，将其纳入正规的金融体系。

（4）拓宽农村农业中小企业的融资渠道。可以大胆尝试股权和债券融资，为保证我国证券市场的健康发展，国家应该尽快完善我国证券市场体系，为农村农业中小企业直接融资提供可能。创业板的推出是我国中小企业融资发展的一个大胆尝试，各个农村农业中小企业应该抓住机会，积极争取通过在资本市场上获得更多的资金来加快企业发展速度，提高技术创新能力。

三、农村人口投资管理

随着我国经济不断发展，人们手中的闲钱越来越多，农民的投资理财有待优化完善。在当今中国城乡经济高速发展的过程中，绝大部分的中国农民通过走出乡村、创办企业、发展特色经济等多种途径已经摆脱了贫困，特别是近年来城镇化的高速发展使部分地区的农户由于拆迁，在落实货币经济补偿机制的同时得到了高额的补偿款，此举使他们的家底快速厚实起来。占地农户短时间内手中就聚集了丰厚的资金，他们的生活状况，也由原来的温饱型向消费型转变。不仅如此，随着城市化进程的不断提升，农民生活消费类型也在悄悄地发生着改变。

农村人口用于食品等生存型消费的比重下降，在衣着修饰、文化教育等发展和享受型消费中的支出大幅增加。短短的几年时间里，农民生活消费水平发生了质的变化，农民的生活已经从生存型步入发展型的轨道。随着农民各项收入的不断提高和家庭财富积累的不断增加，农民朋友渴望财富增值的愿望日益强烈。在满足了居住条件不断提高、子女教育投入不断加大、生活条件不断得到改善的前提下，面对手中尚余的或多或少的财富，如何理财，已经成为当前农民朋友不得不面对的一个现实问题。

相比于城镇居民，文化差异、受教育程度、地域经济发展的不平衡性等诸多因素影响，直接造成当前农村理财理念单一的现象。除了平日的生活必须开销外，剩下的钱几乎就是存进信用社，极少的农村家庭会投资理财。老百姓对金融投资的理解，仅限于银行的"存、汇、兑"业务以及储蓄业务可以获得除本金外的利息。由于老百姓只放心把钱存到银行的观念已经固定，并没有获取投资理财的信息来源，导致农村的"闲钱"直接成为"死钱"，农民没有机会也没有意识去享受商业银行的"大众化服务"。随着我国经济的发展和政府对农业的扶持，农村经济发展迅速，农民生活水平提高，很多老百姓在吃饱穿暖的基础上，手中还持有很多闲钱，相对于把钱存入银行，很多农民具有了购买理财产品的经济基础和理念。在政府创新理财产品的基础上，农民购买适合自己家庭情况的理财产品，在可以承受的风险范围之内获得最大的利益，有利于在短时间内提高农民的生活水平，也为实现我国宏观经济管理目标做出贡献。所以说，改善当前农民理财结构，不仅对于老百姓来说，还是对于我国宏观经济的发展来说，都是非常必要的。

改善农村人口投资理财结构应该具体做到以下几个方面：

1. 改善农民理财理念，完善农民投资理财知识

"低消费，高储蓄"是目前我国农村比较普遍的理财现象，在大多数的老百姓眼里，投资理财等于银行储蓄。这种落后和不健全的理财理念是不符合现代社会发展的。为了构建新农村，使农民更加顺应社会发展，政府应为当地农民创造更多的学习机会，以乡镇或者村为单位进行定期的投资理财知识讲座，鼓励老百姓将手中的闲钱转化为资本，来增加农民除了耕种养殖以外的产业性收入。

在加强老百姓投资理财知识教育方面，主要分为以下几个重要手段：第一，应向农民传输个人或家庭理财、生命周期理财规划等观念，打破"一心挣钱，专心攒钱"的陈旧观念，讲授并使其意识到适当的投资理财方法可以实现家庭净资产增加与生活质量得以提高的双重目标，让其对科学的投资理财理念和方法有更多的了解，从思想上改变农民不懂理财乱理财的状况。第二，政府应进一步推进"三下乡"活动的开展，尤其要真正实现"科技下乡"和"文化下乡"以加快改善农村的落后状况。虽然各种媒体尤其是网上络充斥着各种理财知识和技能培训信息，但农民对这类来源的信息信任度一般不高。下乡人员是由政府委派的，而且属于专业性人才，具有权威性，由他们进行理财知识的宣传和技能的培训，农民群众会愿意相信和接受，效果会比较好。第三，充分利用当地媒体，积极推出适合老百姓的理财服务栏目，并开通服务热线，让老百姓在接收到新理念的同时，遇到不明白、不清楚的地方可以随时拨打电话进行咨询，受到具体的指导，学会相关的理财软件的业务操作；利用报刊和宣传图册等媒介，让投资理财信息走进每个家庭，茶余饭后可以随时拿起来阅读并和家人邻居探讨，时间久了，耳濡目染，老百姓就会主动去了解、学习；第四，定期或不定期安排专家讲座，进行投资理财知识培训，为了提高村民的参与积极性，可以设置奖品派送环节，提高老百姓的兴趣；尤其对于新青年，可以适当地开设关于投资理财的课程，让农村最年轻的一代摆脱传统理财观念的束缚，接收到合理的符合当代潮流的理财理念，通过年青一代带动老一辈理财理念的转变。在广大农村的学校中，农民也应从自身出发，关注国家宏观经济政策，设定科学合理的投资目标与理财规划。

2. 建立健全市场化的社会保障制度

由于农村社会保障体系还不完善，很多保障项目不能满足农村社会发展的

需要、在很多地区，并未实现与本地相适应的社会救助、优抚安置和社会福利等机制，严重阻碍了农村投资理财的发展。凯恩斯主义经济学理论中就明确地指出生产和就业的水平决定了总需求的水平。总需求是整个经济系统里对商品和服务的需求总量。之所以存在百姓对投资理财的有效需求不足情况，原因主要在于"三个基本心理因素"即心理上的消费倾向、心理上的偏好以及心理上对资本未来收益的预期值。所以，只有建立健全的百姓投资理财的保障制度，解决农民的后顾之忧，提高农民经济生活质量，才能激发老百姓的投资理财欲望。

3. 发展乡镇金融市场

乡镇金融市场的逐步发展和优化，可以进一步拓宽农民投资的渠道，更新农民的理财理念。农村金融理财市场潜力很大，但真正可以深入其中的金融机构却不多，比如说，证券公司的主要市场和客户是大城市和从事与之相关工作内容的人，在农村是几乎看不到证券公司的。相对于城市里遍布街巷的银行网点和ATM机来说，在农村只有地理位置较为优越的村庄会安置银行网点，并仍然以农村合作银行、农村信用社和邮政储蓄银行为主，基金、股票和债券等投资方式几乎没有发展市场，严重阻碍了农村银行理财服务推广工作的进行，也不利于老百姓了解和购买理财产品。为了改变这种现状，有关部门应大力发展乡镇金融市场，加快基金、股票、债券等金融产品的推广，来进一步优化农村的理财环境。

第三节 农村土地经营管理

土地流转和适度规模经营是发展现代农业的必由之路，有利于优化土地资源配置和提高劳动生产率，有利于保障粮食安全和主要农产品供给，有利于促进农业技术推广应用和农业增效、农民增收。开展土地流转和适度规模经营应从我国人多地少、农村情况千差万别的实际出发，积极稳妥地推进。为引导农村土地（指承包耕地）经营权有序流转、发展农业适度规模经营，首先要做到全面理解、准确把握中央关于全面深化农村改革的精神。按照加快构建以农户家庭经营为基础、合作与联合为纽带、社会化服务为支撑的立体式复合型现代农业经营体系和走生产技术先进、经营规模适度、市场竞争力强、生态环境可持续的中国特色新型农业现代化道路的要求，以保障国家粮食安全、促进农业增效和农民增收为目标，坚持农村土地集体所有，实现所有权、承包权、经营权三权分置，引导土地经营权有序流转，坚持家庭经营的基础性地位，积极培育新型经营主体，发展多种形式的适度规模经营，巩固和完善农村基本经营制度。

首先,改革的方向要明,步子要稳,既要加大政策扶持力度,加强典型示范引导,鼓励创新农业经营体制,又要因地制宜、循序渐进,不能搞强迫命令,不能搞行政瞎指挥,要使农业适度规模经营发展与城镇化进程和农村劳动力转移规模相适应,与农业科技进步和生产手段改进程度相适应,与农业社会化服务水平提高相适应,让农民成为土地流转和规模经营的积极参与者和真正受益者,避免走弯路。其次,要坚持基本原则。坚持农村土地集体所有权,稳定农户承包权,放活土地经营权,以家庭承包经营为基础,推进家庭经营、集体经营、合作经营、企业经营等多种经营方式共同发展;坚持以改革为动力,充分发挥农民首创精神,鼓励创新,支持基层先行先试,靠改革破解发展难题;坚持依法、自愿、有偿的原则,以农民为主体,政府扶持引导,市场配置资源,土地经营权流转不得违背承包农户意愿,不得损害农民权益,不得改变土地用途,不得破坏农业综合生产能力和农业生态环境;坚持经营规模适度,既要注重提升土地经营规模,又要防止土地过度集中,兼顾效率与公平,不断提高劳动生产率、土地产出率和资源利用率,确保农地农用,重点支持发展粮食规模化生产。

农村土地承包经营权流转应当在坚持农户家庭承包经营制度和稳定农村土地承包关系的基础上,遵循平等协商、依法、自愿、有偿的原则。农村土地承包经营权流转不得改变承包土地的农业用途,流转期限不得超过承包期的剩余期限,不得损害利害关系人和农村集体经济组织的合法权益。农村土地承包经营权流转应当规范有序。依法形成的流转关系应当受到保护。县级以上人民政府农业行政主管(或农村经营管理)部门依照同级人民政府规定的职责负责本行政区域内的农村土地承包经营权流转及合同管理的指导。

为规范农村土地承包经营权流转行为,维护流转双方当事人合法权益,促进农业和农村经济发展,农业农村部根据《农村土地承包法》及有关规定制定了《中华人民共和国农村土地承包经营权流转管理办法》于2017年12月发布,其中明确了流转当事人的具体权利和义务、流转的方式、流转合同的相关要求等内容,具体指出承包方依法取得的农村土地承包经营权可以采取转包、出租、互换、转让或者其他符合有关法律和国家政策规定的方式流转。承包方依法采取转包、出租、入股方式将农村土地承包经营权部分或者全部流转,承包方与发包方的承包关系不变,双方享有的权利和承担的义务不变。同一集体经济组织的承包方之间自愿将土地承包经营权进行互换,双方对互换土地原享有的承包权利和承担的义务也相应互换,当事人可以要求办理农村土地承包经营权证变更登记手续。承包方采取转让方式流转农村土地承包经营权的,经发包方同意后，当事人可以要求及时办理农村土地承包经营权证变更、注销或重发手续。承包方之间可以自愿将承包土地入股发展农业合作生产，但股份合作解散时入股土地应当退回原承包农户。通过转让、互换方式取得的土地承包经营权经依法登记获得土地承包经营权证后，可以依法采取转包、出租、互换、转让或者其他符合法律和国家政策规定的方式流转。

土地问题涉及亿万农民的切身利益，事关全局。各级党委和政府要充分认识到农村土地经营权有序流转、发展农业适度规模经营的重要性、复杂性和长期性，切实加强组织领导，严格按照中央政策和国家法律法规办事，及时查处违纪违法行为。坚持从实际出发，加强调查研究，搞好分类指导，充分利用农村改革试验区、现代农业示范区等开展试点试验，认真总结基层和农民群众创造的好经验好做法。加大政策宣传力度，牢固树立政策观念，准确把握政策要求，营造良好的改革发展环境。加强农村经营管理体系建设，明确相应机构承担的农村经济管理工作职责，确保事有人干、责有人负。各有关部门要按照职责分工，抓紧修订完善相关法律法规，建立工作指导和检查监督制度，健全齐抓共管的工作机制，引导农村土地经营权有序流转，促进农业适度规模经营和农村经济健康发展。

一、农村土地流转模式

国家政策规定的流转模式主要有互换土地、交租、入股、宅基地换住房、承包地换社保和"股份+合作"五种。

1. 互换土地

互换土地模式是农村集体经济组织内部的农户，为方便耕种和各自的需要，对各自土地的承包经营权进行的简单交换，是促进农村规模化、产业化、集约化经营的必由之路。30多年前，中国农村实行土地联产承包责任制，农民分到了土地。但由于土地肥瘦不一，大块的土地被分割成条条块块。划分土地时留下的种种弊病，严重制约着生产力的发展和规模化经营。如何让土地集中连片，实现规模化、集约化经营，于是互换这种最为原始的交易方式，进入农民的视野。

2. 交租

交租模式是在市场利益驱动和政府引导下，农民将其承包土地经营权出租给大户、业主或企业法人等承租方，出租的期限和租金支付方式由双方自行约定，承租方获得一定期限的土地经营权，出租方按年度以实物或货币的形式获得土地经营权租金。其中，有大户承租型、公司租赁型、反租倒包型等。

3. 入股

入股即"股田制"或股份合作经营。这种模式是指在坚持承包户自愿的基础上，将承包土地经营权作价入股，建立股份公司。在土地入股过程中，实行农村土地经营的双向选择（农民将土地入股给公司后，既可继续参与土地经营，也可不参与土地经营），农民凭借土地承包权可拥有公司股份，并可按股分红。该形式的最大优点在于产权清晰、利益直接，以价值形式把农户的土地承包经营权长期确定下来，农民既是公司经营的参与者，也是利益的所有者，是当前农村土地使用权流转机制的新突破。

4. 宅基地换住房，承包地换社保

"宅基地换住房，承包地换社保"的模式是农民放弃农村宅基地，宅基地被置换为城市发展用地，农民在城里获得一套住房。农民放弃农村土地承包经营权，享受城市社保，建立城乡统一的公共服务体制。

5. 股份+合作

"股份+合作"模式是农户以土地经营权为股份共同组建合作社。村里按照"群众自愿、土地入股、集约经营、收益分红、利益保障"的原则，引导农户以土地承包经营权入股。合作社按照民主原则对土地统一管理，不再由农民分散经营。合作社挂靠龙头企业进行生产经营。合作社实行按土地保底收益和按收益分红的方式，年度分配时，首先支付社员土地保底收益每股（亩）定额，留足公积公益金、风险金，然后再按股进行二次分红。

二、农村土地规模经营

1. 以农业产业化龙头企业带动发展土地规模经营

在农村经济结构中，只有少数企业处于市场前沿，他们掌握着较多的市场信息并且擅于经营。争先效仿的小农户出现"难卖"的情况，致使小农户在激烈的竞争中处于下风，甚至被淘汰。为了避免这种情况的发生，农村经济结构的调整必须要考虑合理地将现有的资源优化配置，进行整合，形成规模经营、共同发展。这个时候就可由农业产业化龙头企业直接实行土地规模经营。农业产业化龙头企业可以直接实行土地规模经营，龙头企业带动农户发展土地规模经营，现实地解决了小生产与大市场的矛盾。

2. 以农村土地股份合作社为主的经营模式

农民专业合作社是目前中国农业发展的主流经济组织，以农村土地股份合作社为主的经营模式是发展土地规模经营的有效形式。以土地承包经营权或资金入股，组建阶段的技术人员和务工人员可用工资入股，农民既可以获得务工收入，又可以按股分红。

3. 以市县示范区为载体的土地经营模式

云南省宾川佳泓园艺有限公司专业从事园林绿化近20年，2015年初新增滇橄榄生态产业项目。滇橄榄的野生资源在云南省广泛分布，其具有耐干旱、耐贫瘠、种植成活率高、修复生态及保水固土性能好等优点，宾川佳泓园艺有限公司示范种植"有机""富硒"滇橄榄达6000余亩。该企业采用农业产业化龙头带动发展土地规模经营。合理地将现有的土地资源优化配置，进行整合，形成规模经营，共同发展。以新增滇橄榄生态产业项目为契机，将道路绿化地、公园绿化地合理利用，既对生态起到保护作用，又产生了经济价值。

宾川县绿色果品开发有限责任公司，成立于1994年，秉承"以人为本、以农为根、以诚信为德、以质量为魂"的理念，是一家从事以"爽馨——心太软"石榴种植加工销售、农业生产资料经营、休闲精品庄园经营为一体的民营科技企业。2001年以来建立了千亩"爽馨——心太软"石榴现代农业科技示范园，采取"公司＋示范基地＋合作社＋农户＋农场"的经营机制，带动全县及周边地区发展近4万亩石榴种植园，开辟了国际国内市场。产品获"中国（广州）国际食品展览会金奖"，企业获"全国科普惠农兴村先进单位""中国科技创新企业"等荣誉。

第三章　现代农村经济组织与产业经营

我国农村经济组织形式的变迁，是随着社会、经济、政治等综合环境因素的变化而发生的。要实现乡村发展，推进传统农业向现代农业过渡，农业产业化是必然趋势，其原因包括以下两方面：一方面，由于社会经济环境变化和政府改革与制度创新的引导，农业经济组织形式自身不断优化和改进；另一方面，随着市场经济的发展，不断出现改革农业经济组织形式的迫切需求，市场经济与农业经济组织形式的关系往往处于不断的发展变化之中。在当前阶段，随着市场经济的发展，尤其是我国加入WTO（世界贸易组织）之后，农业经济组织形式发生了深刻的变化，这是为了更加切合市场经济的需要，更好地切合市场竞争并提高社会整体资源的配置效率。

第一节　农村生产经济组织形式

一、当代中国农村生产经济组织形式的演变

1978年，党的十一届三中全会以后，我国农村社会经济组织形式开始变革。

（一）家庭联产承包责任制开启新篇章

1958年建立起来的人民公社体制，随着国民经济的发展，已不符合当时我国农村生产力发展水平，这种超越社会发展阶段的农村经济和政权组织形式，是导致农村经济长期迟滞发展的一个主要原因。

党的十一届三中全会以后，农民自发的"包产到户"得到政府的肯定，随即在全国范围的农村实行了各种形式的生产责任制，特别是家庭联产承包责任制的确立，实现了农村经营机制的深刻改革和农村生产关系的重大调整。

（二）家庭联产承包责任制

家庭联产承包责任制，是指农民以家庭为单位，在集体经济组织承包土地等生产资料的基础上，向国家缴纳农业税，交售合同订购产品以及向集体上交

公积金、公益金等公共提留，其余产品归农户所有的农业生产责任形式。家庭联产承包责任制把劳动者的责、权、利结合起来，克服了传统的"三级所有，队为基础"的人民公社体制的生产经营和劳动过分集中，以及分配上的平均主义的弊端。

家庭联产承包责任制这一经济组织形式在我国出现，是由我国农业生产本身的特点决定的。由于我国传统农业是以人畜动力和手工业为主，基层经营和劳动单位不大，劳动力以家庭为单位分布，集中程度不够。此外，我国农业生产自然条件丰富多样，以农户为主的生产单位，可以根据复杂多变的气候和土壤条件，因地制宜，采取灵活的生产方式和适宜的措施。

（三）双层级管理，统分结合

把家庭承包经营方式引入集体经济并非只有家庭一个层次。原来的生产队仍然作为集体经济的一个层次发挥作用，形成统一经营与分散经营相结合的双层经营体制。

集体层次的作用主要有：按国家的计划指导，代表集体和承包户签订合同；保证粮、棉、油按合同收购的任务完成；管理集体保留的土地、大型农机具等生产资料；组织农民从事农业基本建设；为农户提供必要的社会化服务。这种统分结合的双层经营的体制，既保障了农民有经营自主权，又坚持了土地等基本生产资料的公有制和必要的统一经营。

（四）农村经济组织的创新形式

统分结合的双层经营的体制，在20世纪80年代初期为中国农村的高速发展做出了重要的贡献。但是，随着市场经济改革力度的加强，双层经营的组织形式与市场经济在运行上的碰撞，日益暴露其存在的不足。

统分结合的双层经营体制虽然承认农户对土地具有使用权，但作为农户最基本的生产要素，其所有权依然外在化，农户十分担心现行组织经营形式所依赖的制度发生变化，担心土地经营权随时消失，因此对长期经营不关心，考虑的只是眼前的利益分红，没有形成长期共赢的利益共生格局。受生产行为短期化的影响，农业生产的波动性加大。农户在此背景下，在毫无组织和准备的情况下被推向市场，他们对市场信息、成本、价格、信贷以及政策反应迟滞，并由此导致经营决策的盲目随从，进入市场的风险增大。

双层经营体制的不足，使进入市场的农户痛感建立新的组织的必要性。20世纪80年代中后期，他们或在政府的领导下，或依靠自身的创造才能，发动了自农村经济改革以来的第二次组织创新。

这次农村经济组织创新的主要形式有：

1. 专业户和重点户

为突破双层经营体制管理的弊端，部分农户率先找准自家生产的优势，在土地承包责任制的基础上积累生产经验和管理经验，找准生产经营领域，从基础性农耕地承包养殖逐渐向其他擅长领域发展，在尝试中摸索出适合的养殖技术，抑或是销售渠道，重点发展某一领域，逐渐在农村经济发展中脱颖而出，成为某一生产领域的专业户、重点户。

2. 农村新经济联合体

为克服传统土地流转与承包的单一性生产问题，许多农户在发展成为专业户、重点户的同时，逐渐将传统农业与林、牧、渔等产业联合起来，实现多产业联合经营，相互渗透。

3. 农村专业技术协会

专业技术协会是以专项生产为基础，以该项生产的技术为核心，同行之间、农户之间组织成立新型合作组织。这类专业协会主要分布在养殖业及种植业中技术较为复杂的非粮食作物种植领域。由于该类型的专业协会既不触动家庭经营的基础，又以具有较强吸引力的技术为纽带，因而深受农户的欢迎。

4. 公司+农户的合作组织

公司+农户的合作组织这种形式在国际上较为通用。它是以专业化的生产厂商或销售厂商为中心，借助公司在资金、技术、设备、科研和市场营销等方面的优势，把分散的生产农户组织起来进入市场的一种组织形式。公司具有完备的产前、产中和产后服务体系，可以帮助农户解决生产中出现的问题。公司出于经营活动最终获利的考虑，将会照顾到农户的经济利益。农民也会从自身生产和营销等不利因素出发，从发展生产、提高收入的角度照顾到公司的利益。这种组织形式由于把产、供、销放在一起统一考虑，把农户和公司的利益捆在一起，因而使农民的权益得到保障，在实际运营中受到农户的欢迎。

我国农村合作经济组织不论在合作领域，还是合作组织数量上都远无法满足农村经济发展的需要。农村合作组织的建立还缺少必要的法规指导，存在组织运作不规范，成员正当利益得不到保障等问题，这些问题得不到解决，将影响合作经济在数量和质量上的提升。

家庭经济比大农场式的经营更迫切地需要组织建设完备、运行操作规范的经济合作组织，从这一点上看，我国农村正在经历一个合作经济组织发展的高潮。

二、农村经济组织形式的内容

经济组织是为了实现特定的经济目标而从事其经济活动的单位和群体。它是社会生产关系的体现，是一定劳动组织形式，是一定生产要素配置和组合方式。社会再生产过程是由经济组织实施并完成的。人类社会的经济活动，均是在经济组织内或经济组织之间进行的。由此可知，人类社会的一切经济活动，有其一定的经济组织形式和基本单位。

经济组织有其特定的社会性质、组织形式和经济功能。

经济组织的性质由社会经济制度的性质决定。它既是生产关系的具体表现形式，又是生产力的具体组合形式。经济组织形式在一定所有制基础上随生产力的发展而变化。部落和氏族是原始社会的经济组织形式。家庭是小私有生产和个体劳动的组织形式。企业是社会化商品生产的经济组织形式。从家庭向企业演进，是经济组织形式的根本性变革。但这一演进要经历一个漫长的时期，其间两者会互相交错，出现重叠的具体形式，例如，家庭农场、家庭工厂、家庭商店等家庭式的企业。企业也采用家庭式的组织形式和经营管理方式。即企业家庭式经营管理方法。当今世界各国都有采用家庭或企业，甚至家庭企业一体化的管理方式来进行生产。

经济组织功能是指经济组织所拥有的实现经济目标的物质技术力量和组织力量。经济组织功能除了受到物质技术力量和组织力量的限制外，还受到社会制度、政治因素、生产关系和经营方式等影响。经济组织形式包括具体经济单位组织形式和经济单位之间相互联系的组织形式。

（一）农村具体经济单位的组织形式

1. 家庭

农户家庭是我国农村最主要的经济组织形式。家庭，既是社会生活的基本单位，又是社会生产的经济组织形式，其作为社会生产的经济组织形式至今仍被广泛采用。其原因主要是我国农业生产力水平不高，社会化程度也不高，家庭中有许多可利用的资源，为组成生产力提供了优先条件，能够将生活基本单位和经济组织有效结合在一起，一家人有血缘、亲缘关系，利益直接，这样的组织形式有较强的凝聚力和忍耐力，同时稳定性较强，有助于取得长远经济效益。家庭这一具体经济组织形式，在当前和今后相当长的时期内将发挥其应有的作用。

2. 企业

企业是人们从事物质资料生产、流通，或从事劳动活动的营利性的具体经济组织形式。企业是商品经济的产物。企业一般特征如下：①拥有一定数量的劳动者和生产资料，进行自主经营，是具有法人主体地位的独立的商品（劳务）生产经营者。②在经济上施行独立核算，自负盈亏，以收抵支并有盈亏。③法律上具有"法人"地位。公司是企业的组织形式，一般意义上说，公司即企业。

（二）经济单位之间相联系的经济组织形式

1. 合作社

农村合作社即农业合作经济组织，是指农民，尤其是以家庭经营为主的农业小生产者，为了维护和改善各自的生产及生活条件，在自愿互助和平等互利的基础上，遵守合作生产的法律和规章制度，联合从事特定经济活动所组成的企业组织形式。农业合作经济组织的盈利以成员与农业合作经济组织的交易额分配为主。

2. 农村联营企业

根据平等、自愿、互利等原则，在保持生产资料所有制性质不变和独立自主经营地位不变的前提下，经济组织之间发展组合成的联合经营企业，一般称联营企业。

3. 农村企业集团

根据地区、行业和供产销之间的联系，由若干个农村企业按照自愿互利的原则而组成的组织形式称为企业集团。企业集团是现代企业的高级组织形式，是以一个或多个实力强大、具有投资中心功能的大型企业为核心，以若干个在资产、资本、技术上有密切联系的企业、单位为外围层，通过产权安排、人事控制、商务协作等纽带所形成的一个稳定的多层次经济组织。

农村企业集团的整体权益主要是通过明确的产权关系和集团内部的契约关系来维系的；其核心是实力雄厚的大企业、龙头企业，也是指按照总部经营方针和受统一管理的进行重大业务活动的经济实体，或者指虽无产权控制与被控制关系，但在经济上有一定联系的企业群体。

我国农村企业的组织形式，种类较多，现按照所有制划分，有以下种类：

1）全民所有制国有企业。

生产性的国有农场、林场、牧场、渔场及其农副产品加工厂等。服务性的国有农机站、排灌站、农技推广站、种子公司、饲料公司和农机公司等。

2）集体所有制的农村企业。

（1）地区性合作经济组织。当前主要是指统分结合双层经营的农业合作企业，其统一经营层次，在全国各地农村已演变为两类合作经济组织形式：①保留原有集体所有制的合作经济组织；②新成立的为分散经营层次服务的各种农技、农机等服务公司。其分散经营层次有两部分：农户使用集体公有土地和集体公有的水利设施等，这是集体经济部分；投入家庭私有的种子、肥料和农技具等生产资料，这是个体私有经济部分。由此可知，农户家庭是带有两种经济成分的经济组织，是一种统分结合的家庭经济。每个农户的家庭，既是统分结合双层经营的一个层次，又是一个独立核算、自负盈亏的经济实体。

（2）专业性合作经济组织。以专业（行业）组成的合作经济组织形式，如种植、养殖、加工、运输、建筑、供销、金融、技术等合作企业。

3）个体农业企业。

由农户家庭个体经济发展起来的个体企业，如家庭养殖场、家庭加工厂、家庭经营商店等。如规模大，雇佣一定数量工人生产的企业，一般称私营企业。

4）外商投资企业。

有来料加工、来样订货、来件装配和补偿贸易的"三来一补"企业。有合作生产、合资生产和外资独资的"三资"企业。

5）港澳台投资企业。

其形式基本上与外商投资企业相似。

上述企业是仅从所有制角度划分，如从企业的经营项目和内容分，又可以划分为若干种类型。

三、农村企业的组织机构

企业要生存、发展需要有一定的原则和方法，原则和方法共同作用于企业本身，就形成了组织机构。农村企业的组织机构划分层次并规定职权范围，以统一意志和行动，指挥和管理企业的人、财、物、供、产、销等经济活动。

（一）设置企业组织机构的原则

组织机构设置需把握五条原则：战略导向原则、简洁高效原则、负荷适当原则、责任均衡原则、企业价值最大化原则。

1. 战略导向原则

战略决定组织架构，组织架构支撑企业战略实施。内贸企业不会设立外贸部，代工企业不会成立研发部，零售企业不会设立生产部。设置任何部门都必须成为企业某一战略的载体。如果企业某一战略没有承载部门，就会导致架构残缺。例如，华东某企业在全国设立了十个分公司，经营规模超过十亿元人民币，但由于企业没有成本核算部门，公司欠银行贷款一亿多元。

2. 简洁高效原则

部门绝不是越多越好，以层级简洁、管理高效为原则。部门过多则效率低下，过少则残缺不全。

3. 负荷适当原则

部门功能划分适度，不能让某个部门承载过多功能。功能集中不仅不利于快速反应，而且会形成工作瓶颈，制约企业发展。

负荷适当体现的是功能多少，责任均衡体现的是权力大小。如农村生产型企业，生产部是功能多的部门，相对而言品质部则是权力大的部门，也许生产部有成百上千的员工，品质部只有十几人甚至少到几个人，但品质部员工却拥有产品是否合格的最终裁定权。

4. 责任均衡原则

责任均衡体现企业的授权艺术。如果让某部门"一枝独秀""权倾四野"，可能有工作效率，无企业效益，权力失衡、制约乏力往往会滋生腐败。

5. 企业价值最大化原则

部门设置的根本原则，是让部门组合价值最大化，即确保企业以最少的投入获得最大的市场回报。该过程是合理配置资源的过程，形成企业内部生态圈，把企业内部各部门视为企业生态圈中的种群，各种群为维持生存，与其他种群相互联系、相互制约，共享生态圈中资源，分工协作是维持种群得以生存和发展的动力，在现有的一定的市场生态资源下，减少种群间内耗，实现共赢。

（二）组织架构设置方法

设计组织架构可以分五步进行：战略对接、选择类型、设计部门、划分功能、确定层级。

第一步，战略对接。企业先有战略然后才有组织架构。先有组织架构然后才有岗位设置。部分企业本末倒置，结果就出现了因人设庙、因人设岗的种种管理乱象。由战略推导企业组织架构也让很多企业从业人员不习惯，所以要遵循组织架构设计的战略导向原则。组织架构设计是由无到有的过程，而组织架构优化是在企业已有架构基础上的调整升级。

战略对接是让组织架构设计者想清楚企业战略可以细化为多少目标，各种目标可能从何种途径实现，企业决策者应该关注的重点是什么，有哪些目标可以分解到他人负责。

第二步，选择类型。组织架构的类型因企业战略不同而不同，因管理方式不同而有异，因企业不同发展阶段而有别。到目前为止，企业组织架构形成的主要类型有五种：职能式组织、事业部制式组织、直线式组织、矩阵式组织、三维组织（或称立体组织）。选择何种类型，企业可根据组织架构设置的五原则均衡考虑后做出取舍。

第三步，设计部门。此时就可以进行部门划分了，不论选择何种组织类型，都需要将企业战略承载功能列出，如总经理办公室、人力资源部、财务管理部、生产部、物控部、技术研发部、品质管理部、营销管理部，物流配送部等。初创企业划分到此，组织架构就基本确立了。规模大的企业还需要继续往下细分管理功能。

第四步，划分功能。组织功能因企业选择的组织类型不同会有不同的组合。不同企业的总经理办公室承载的功能可能有天壤之别，有的总经理办公室负责采购功能，有的总经理办公室负责合同管理。另外，还与企业主营业务或企业规模、性质有关，以及与部门职能范围或者生产对象有关。例如，有的小规模企业生产部包揽了除行政后勤、营销之外的所有职能，从材料采购到计划安排，从技术研发到工艺指导，从成品检验到订单交付，一条龙负责到底；有的大型企业的人力资源部则可能承载人才规划、招聘任用、培训开发、绩效管理、薪酬管理、劳资关系、员工发展、企业文化建设、社团管理等诸多职能；有的制造型企业的生产部因产品不同、规模不同，其承载的职能也是千差万别的；有的销售型企业由于属于供应链中下游，衔接市场，无生产部，但根据销售品类设有采购一部、二部、三部。

某企业组织架构中的"品牌发展部"下面的"市场开拓""产品研发""技术管理""客户服务"就是品牌发展部的职能。功能划分越具体，后面的岗位设置就越简单。小型企业的组织架构设计至此大功告成，大型企业则有待进一步细化。

第五步，确定层级。对于管理跨度大的企业，需要进一步考虑管理层级，避免出现管理真空。如全国连锁企业，就需要考虑企业区域公司、省级公司、办事处等管理层级的细化，以保证企业组织架构设计的责任均衡原则得到落实。组织架构设计的最终呈现方式就是组织架构图。

第二节　家庭农场经营与管理

一、家庭农场概述

（一）家庭农场的定义

2008年党的十七届三中全会报告第一次将家庭农产作为农场规模经营主体之一提出。2013年中央一号文件再次提到家庭农场，鼓励和支持承包土地向专业大户、家庭农场、农民合作社流转，发展多种形式的适度规模经营。2018年中央一号文件明确提出，要"实施新型农业经营主体培育工程，培育发展家庭农场、合作社、龙头企业、社会化服务组织和农业产业化联合体，发展多种形式适度经营"。实际上，中国农村在实行家庭承包经营之后，有的农户向集体承包较多土地，实行规模经营，便已经出现家庭农产雏形。

家庭农场作为新型的农村经营主体，是以具体经济单位——家庭为基础的组织形式，是以农民家庭成员为主要劳动力，运用现代化生产方式，主要以生产要素中的土地为核心，进行规模化、标准化、商品化农业生产，并以经营收入为主要的家庭收入来源的新型农业经营主体。家庭农场一般是有独立的市场法人。家庭农场的经营范围包括：种植业、养殖业、种养结合，以及兼营与其经营产品相关的研发、加工、销售或服务。

随着我国工业化和城镇化的快速发展，农村经济结构发生了巨大变化，农村劳动力大规模转移，部分农村出现了弃耕、休耕现象。一家一户的小规模经营，已突显出不利于当前农业生产力发展的现实状况。同时，农村熟练劳动力和青壮年劳动力自愿或不自愿地流向城市和其他产业，宽松的招生政策和不断扩招的大学规模，致使70后不愿种地，80后不想种地，90后不知种地，轻农化成为一种现象。农村劳动力严重短缺，出现了"空心村"，这致使农业生产经营效率下降，农民增收困难，农业科技的推广应用缓慢。家庭农场的出现促进了农业经济的发展，推动了农业商品化的进程，有效地缩小了城乡贫富差距。家庭农场是现代农业发展的重要组织形式和重要推动力量，代表了今后现代农业的发展方向。作为一种新型经营主体，家庭农场保证了"农地农有、农地农用"，避免了农地"非农化"使用，能够促进农业经济的发展，是中国特色现代农业的发展方向。发展家庭农场，能在坚持家庭联产承包责任制基础上，促进土地等生产要素向生产经营能手集中。开展集约化经营是农业生产经营组织形式的创新，有利于实现农业机械化，大幅度提高土地利用率、投入产出率、劳动生产率和农产品商品率，提高农产品的科技含量和市场竞争力，对发展现代农业具有重要的作用和现实意义。

一是集约化经营有利于激发农业生产活力，助推农业集约化经营。集约农业是农业中的一种经营方式。集约经营的目的是要从单位面积的土地上获得更多的农产品，不断提高土地生产率和劳动生产率。目前，我们的农业生产还比较低效，土地利用率不高，生产方式又比较传统，无法达到规模化生产。所以必须走集约经营的道路。家庭农场的生产经营具有以市场为导向的企业化特征，能较好地维持和保护农业生产力，实现农业可持续发展，有助于克服和消除小农经济的弊端。

二是集约化经营有利于增加农产品有效供给，保障农产品质量安全，能有效解决农村家庭承包经营效率低、产出小、管理散的问题。家庭农场是法人，不是个体，它要生存和发展，就需要保证产品品质，从注册开始就形成了约束力。同时，有一定规模，并且是登记注册商标的家庭农场，会比较重视自己的品牌，操作也更规范。随着国家对农产品的重视程度逐渐提高，以及电子商务的兴起与发展，我国农产品供产销一体化追溯系统也逐渐完善，可以通过追溯系统及时查询农产品信息，追根溯源，因此家庭农场会将更加注重食品安全。

三是集约化经营有利于农业科技的推广与运用，这是发展现代农业的关键。通过家庭农场适度的规模经营，能够机智灵活运用先进机械设备、信息技术和生产手段，极大地提高农业新成果集成开发和新技术的推广应用，在很大程度上降低生产成本，大幅提高生产能力，加快传统农业向现代化农业的有效转变，并有助于形成新的职业农民阶层，活跃城乡社会和经济。

（二）家庭农场的特点

在我国，家庭农场就是农户家庭承包经营的"升级版"。借鉴国外农场的一般特性，结合我国基本国情及生产特点，家庭农场主要有如下5个特点：

1. 以家庭为经营单位

家庭农场兴办者是农民，是家庭。相对于专业大户、合作社和龙头企业等其他新型农业经营主体，家庭农场最鲜明的特征是以家庭成员为主要劳动力，并以家庭为基本核算单位。在生产要素投入、生产作业、产品销售、成本核算、收益分配等环节，都以家庭为基本单位，继承和体现了家庭经营产权清晰、目标一致、决策迅速、劳动监督成本低等优势。家庭成员劳动力可以是户籍意义上的核心家庭成员，也可以是有血缘或姻缘关系的大家庭成员。家庭农场不排斥雇工，但是雇工一般不超过家庭务农劳动力数量，农忙时主要是家庭临时性雇工。

2. 以农业为主要产业

家庭农场以提供商品性农产品为目的开展专业生产，这使其区别于自给自足、小而全的农户和从事非农产业为主体的兼业农户。家庭农场主要从事种植业、养殖业生产，实行一业为主或种养结合的农业生产模式，专业化生产程度和农产品商品率较高。满足市场需求、获得市场认可是家庭农场生存和发展的基础。家庭成员可能会在农闲时外出打工，但其主要劳动场所仍然是农场，以家庭为单位的农业生产经营为主要的收入来源，是新时期职业农民的主要构成部分。

3. 以资源集约为生产手段

家庭农场经营者具有一定的资本投入能力、农业技能和管理能力，具备一定的生产技术和装备，经营活动的开展有明确和完善的收支记录。根据定义，家庭农场是经过登记注册的法人组织，农场主首先是经营管理者，其次才是市场劳动者。家庭农场具备协调与管理资源的能力，其经营管理方式具有现代企业管理标准，从而能够获得较高的土地产出率和资源利用率，实现集约化经营管理。

4. 以适当规模为经营基础

家庭农场的内涵告诉我们其种植或养殖必须达到一定的生产规模，这是区别于传统小农户的重要标志。结合我国农业资源禀赋和发展实际，家庭农场规模并不是越大越好。首先，经营规模需与家庭成员的劳动能力相匹配，确保充分发挥全体家庭成员潜力。其次，经营规模与能取得的可观收入相匹配，即家庭农场人均收入达到甚至超过当地城镇居民收入水平。最后，经营规模与家庭投入的生产要素相匹配，以保证要素的集约分配和利用。

5. 以市场价格为导向

内涵决定本质，家庭农场具有企业化管理特征，必然以利润最大化为生产经营目标。利润最大化目标终将以市场价格为导向进行生产经营。这也是工商登记时把家庭农场登记为企业的主要原因。

二、家庭农场与农村其他新型经营主体的关系

家庭农场、专业大户、农民合作社被认为是重要的农村新型经营主体。三者的共同之处都是期望能够扩大农业经营规模，充分运用现代农业生产要素，提高农业生产和经营效率，解决农业生产经营分散、规模过少、农民收入水平难以有效提高的问题。

迄今为止，对专业大户没有清晰的定义和内涵的界定。实际上，专业大户和家庭农场没有本质区别，只不过对专业大户的经营规模和雇工的多少没有像家庭农场那样给予清晰界定。

未来农民合作社将是家庭农场和专业大户自愿结合的经济组织，农民合作社是农民采取自愿联合、民主管理而形成的互助性经济组织。然而，在现实中，由于大多数农户生产规模较小，即使他们参与合作社的经营，其实际收益也是微乎其微的。但是，规模较大的家庭农场则不同，其合作收益可能远远大于合作成本，从而产生强烈的合作愿望。因此，鼓励家庭农场、专业大户之间建立合作社有助于真正形成具有较强市场竞争力的农业专业合作经济组织。同时，通过市场机制的培育，市场生态链、生态圈的逐渐拓展，他们的定义和界限将逐渐模糊化。

三、家庭农场的基本模式

（一）"单打独斗"型家庭农场经营模式

目前"单打独斗"型家庭农场经营模式在我国是较为常见的一种模式。该模式操作起来较为简单，且农户在经营管理方面有较强的自主性。然而，家庭农场在生产经营过程中所需的资金、技术等都是由农户自主提供的，因此这种家庭农场经营模式经常面临着资金短缺、生产技术低下、与市场脱节及农户承担较大风险等诸多问题，是一种较为初级的经营模式。

（二）"家庭农场+专业合作社"模式

"家庭农场+专业合作社"模式是一种以专业合作社为依托，将农业生产类型相同或相近的家庭农场集中在一起组成利益共同体,通过市场信息资源共享、农业生产资料的统一购买和使用,在农产品的生产、销售、加工、运输、贮藏等阶段,为家庭农场提供包括资金、技术、生产资料、经销渠道等多种社会化服务的模式。在这种模式下要求合作社具有较强的实力和完整的组织体系。但由于受制于资金、技术和管理水平,大部分专业合作社也只能提供一些简单的社会化服务,组织体系还不是很完善,难以带领家庭农场走向现代农业的发展道路。

(三)"家庭农场+龙头企业"模式

"家庭农场+龙头企业"模式一般是以龙头企业为核心,通过农工贸一体化、产供销一条龙的方式带动家庭农场发展。而龙头企业与家庭农场的合作实质上是"订单模式"的合作,家庭农场经营者在这种合作模式下的谈判能力较弱,企业为牟取较大利润而不惜损害农户的利益,农民往往沦为龙头企业的农业雇佣工人。"三农"研究学者黄宗智指出,在中国这样一个农民人口庞大、人地比例悬殊较大的国家,如果将大部分的农民变为纯粹的农业雇佣工人,为农业企业劳动,将导致严重的社会问题,并且使农民原本微薄的福利再次受到损失。因此,家庭农场与龙头企业进行简单合作的模式不是一种适合我国农业长期发展的模式。

(四)家庭农场经营发展中的合作共生模式

在我国现行的土地集体所有制以及家庭联产承包责任制下,土地细碎化问题严重,土地集中较为困难,加上人多地少的基本国情,我国家庭农场走土地密集的大规模化农业道路是行不通的。在这种情况下,不少学者提出适度规模化家庭农场才是我国农业的基本组织形式,但是要在适度规模化下获得大规模的经济效应,创新家庭农场经营模式是必然选择。现阶段,选择合作共生模式,把分散的家庭农场联结起来,通过合作实现家庭农场的集群与工商资本的结合,从而实现农业的区域产业化经营,这才是符合我国国情的家庭农场发展模式。

家庭农场经营合作共生系统,即农村经济生态系统,其共生单元主要由家庭农场、龙头企业及地方政府组成,各个共生单元在市场的主导下以及政策的推动下进行能量交换,进行资源要素的高效配置。家庭农场经营者拥有的土地、劳动力、农业技术等要素与工商企业拥有的资金、管理等要素以及地方政府拥有的资金与项目优势融合在一起,就能实现资源的优势互补。在共生合作模式下,各共生单元之间的要素流动都是双向的,从而形成一个利益共同体。

此外,从利益分配角度考虑,龙头企业与家庭农场可以采用双向持股的形式进行合作。之所以采用双向持股,一方面力图使家庭农场的经营成果与企业利益联系起来,防止企业为获得高利润而损害家庭农场的利益;另一方面家庭农场持有企业的一部分股票，就能参与企业经营成果的分享，这样家庭农场经营不仅能直接获取农产品生产的效益，而且能分享到农产品的加工、销售环节的收益，这极大地拓宽了家庭农场经营收入的来源，促进农户收入的提高。家庭农场经营共生模式其实强调的是一对多的合作模式，即将多个家庭农场在政府项目的引领下聚合在一起，共同联合经营，这样能获得单个家庭农场无法获取的规模效益以及品牌效应。

四、家庭农场的创办

2013年中央一号文件提出创办家庭农场以来，国家层面没有正式出台对家庭农场的登记注册制订的相关办法。但许多省市，如河南、山西、安徽、上海等已经分别制定了相关登记办法，云南省亦不例外。

《云南省家庭农场工商登记注册试行办法》（以下简称《办法》）于2013年9月23日，经云南省工商行政管理局局务会讨论通过并于当年12月1日起实施。《办法》规定，家庭农场的组织形式可根据其投资和生产经营情况以及申请人意愿，从个体工商户、个人独资企业、合伙企业、有限责任公司四种市场主体组织形式中选择其一。其中，登记为个体工商户的组成形式应为家庭经营。在登记管辖方面，其主管机关为与家庭农场四种组织形式相对应的登记主管机关。登记场所方面，可以是农村家庭住址，也可以是其种植、养殖的主要生产经营场所。登记名称方面，应包含"家庭农场"字样。以个体工商户、个人独资企业、合伙企业形式登记的家庭农场，名称由行政区划、字号、行业、"家庭农场"等四个部分依次组成。以公司形式登记的家庭农场，名称由行政区划、字号、行业、"家庭农场"、"有限（责任）公司"等五个部分依次组成。经营范围方面，以农业种植、养殖为主，鼓励开展多种经营。

《办法》还规定，家庭农场应以农村土地承包经营权流转集中经营为基础，以家庭（成员）投资和生产经营为主要形式，具有一定生产经营规模的农业生产经营主体，以及申请家庭农场登记，除提交与家庭农场四种组织形式相对应的法定登记材料外，还应当提交与第三条规定相应的家庭成员或亲属关系证明、土地承包经营权证或土地承包经营权流转协议书相关证明材料等内容。

从《办法》中可以看出依法登记家庭农场应符合以下条件：①以家庭（成员）为主要投资经营者，②经营范围以农业种植、养殖为主，③土地承包经营权流转年限3年以上。

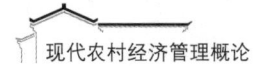

第三节 农民专业合作社

现阶段我国大多数地区农村经济仍欠发达，政府财政支农资金管理体制仍不甚完善，而农村本身低价值的资产抵押和低保证的信用体系，使得农民很难依靠银行贷款进行市场投资。农村经济自身具有的高风险、低效益的特点导致其发展中存在巨大困难。因此，在政府财政支农资金管理体制和金融投资制度都不甚完善的环境下，为促进农村经济的全面可持续性发展另寻出路是当务之急。本金小、融资难、项目差一直是制约农村经济发展的顽疾。在财政支农资金管理体制和金融投资制度不甚完善的情况下，要发展农村经济、提高农民生活水平，就必须从根本上解决农村投资存在的问题。自持资金数额小、回报低、风险高是个体农户进行市场投资的通病，只有将小份额的资金集中起来，进行规模投资，整体运作，才可以分散风险、提高回报，从而充分调动个体农民投资的积极性，带动农村市场的整体发展。所以，将农民自有资金集中起来，结合当地县域经济特色，以农民合作社的形式组织农民自主创业显得至关重要。集中民间闲散资金，规模投资，整体运作，能够从根本上调动农民创业积极性，切实改善农民生活水平，进而带动整个农村市场的全面繁荣。

一、农民专业合作社的内涵与意义

（一）农民专业合作社的内涵

农民专业合作社是在农村家庭承包经营基础上，同类农产品的生产经营者或者同类农业生产经营服务的提供者、利用者自愿联合、民主管理的互助性经济组织。

农民专业合作社以其成员为主要服务对象，提供农业生产资料的购买，农产品的销售、加工、运输、贮藏以及与农业生产经营有关的技术、信息等服务。

农民专业合作社是由同类产品的生产者或同一项农业生产服务提供者组织起来的，经营服务内容具有专业性，其成员主要由享有农村土地承包经营权的农民组成。这些自愿组织起来的农民具有共同的经济利益，在家庭承包经营的基础上，共同利用合作社提供的生产、技术、信息、生产资料、产品加工、储运和销售等项服务。合作社还通过为其成员提供产前、产中、产后的服务，帮助成员联合起来进入市场，形成聚合的规模经营，以节省交易成本，增强市场竞争力，提高经济效益，增加人员收入。因此，农民专业合作社主要目的在于为其成员提供服务，这一目的体现了合作社的所有者与利用者的统一。

(二) 农民专业合作社的具体意义

(1) 农民合作社是根据中国政府的相关支持政策发展起来的,对当地的经济发展起到了很大的促进作用。自农村改革开放以来,我国农业经历了由统购统销到全面面向市场、由总量不足到供需基本平衡、由追求数量增加到主动进行结构调整的深刻变化。在这个过程中,农业市场化和农业产业化程度同步发展、同步提高,相互作用、相互影响,千家万户的家庭经营面对千变万化的市场大潮,客观上为新型农民专业合作经济组织的产生与发展提出了需要,提供了可能,创造了条件。许多地方在实践中,已经探索出了龙头企业+合作社+农户的产业化经营模式,有的农民专业合作经济组织自身就搞起了产业化经营。农民专业合作社对农村经济发展有着积极的拉动作用。截至2017年底,全国农民专业合作经济组织已超过15万个,加入的农户2363万户,占全国农户总数的9.8%。虽然数量还不多,覆盖面还不大,但这种新型合作形式正在为更多的农民所认识,显示了强大的生命力。

(2) 农民合作社积极地调整和改善了农民的投资状况。一方面,农村经济风险高、效益低的弊端决定了单一发展农村小额信贷的局限性,有必要将农民自有的闲散资本集中起来。另一方面,由于农业产业链条长,家庭经营方式既需要产前、产中、产后多环节的社会化服务,又需要在家庭承包制的形势下,有与之相适应的组织形成,以降低分散经营的交易成本及其市场风险。因此,农民专业合作社应运而生。

(3) 农民合作社改善了农户经济关系中所处的不利地位,提高了农民的经济效益。农户作为原材料的供给者,在与龙头企业的经济往来中,往往处于劣势。如果每户以独立身份进入市场进行交易,龙头企业对于原材料的需求弹性会很大,产品价格上升空间会很小,经济利益很大程度上会流向龙头企业,或者流向商品销售的终端,农民很难盈利,农村的经济环境很难改善。但是,农民合作社的存在改变了这一局面。通过农民合作社,农户相互结合在一起,在进入市场的时候更有话语权,龙头企业对于他们提供的农产品原材料的需求弹性不会很高,农产品的价格就可以保持在一个相对较高的水平上,从而提高了农民的经济效益,从根本上改善农村经济。

(4) 农民合作社能够更好地控制风险,熨平经济波动,稳定农村经济发展。由于农产品市场本身具有很强的滞后性,今年的种植计划要靠往年的收益情况来制定,但又要在下一年或者数个月后才能实现收益,这样供给与需求就很难在市场上达到平衡,农民的利益很难得到保障。此外,由于农村经济的特殊性和弱势性,农产品市场的稳定易遭受来自自然、社会及政策等因素的干扰。农民个人对于这种风险无能为力,只能硬性接受。但是,农民合作社可以凭借

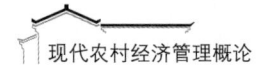

自身相对强大的资金实力,较为分散地种植计划,合理地控制潜在风险,从而达到稳定农村经济的效果。

二、农民专业合作社的认识偏差

在实际工作中,发展农民专业合作社的同时应当纠正一些认识上的偏差,必须正确把握以下几个问题。

(一)正确把握农民专业合作社与行业协会的区别

目前在农民专业合作社的发展中,有的农民专业合作社还没有完全摆脱行业协会的组织管理形态,如聘请当地政府领导担任顾问,设置秘书长职位,发展会员。这是对农民专业合作社组织形态的认识偏差所致。

首先,农民专业合作社是经济合作组织,不是行政事业管理组织,它是由农民自愿联合,经工商部门依法核准登记的"民办、民有、民营、民受益"独立市场法人主体,拥有生产经营自主权,不具有行政事业管理职能,也不受行政干预。它可以根据实际需要,聘请法律顾问和技术顾问,但没有必要聘请行政领导担任顾问。

其次,农民专业合作社是营利性经济组织,不是非营利性的行业协会。农民专业合作社对内服务,对外经营。行业协会是经业务主管部门审查同意成立的社会组织,对内自律和服务,对外代表行业。依据《社会团体登记管理条例》规定,社会团体不得从事营利性经营活动。

最后,农民专业合作社可以依法增加新成员,不能发展会员。农民专业合作社成员以农民为主体,不受区域限制,可以增加新成员,并报工商部门备案。行业协会的会员以生产、加工、购销等企事业单位为主体,依照章程可以发展新会员。

(二)正确理解农民专业合作社与企业法人的区别

《农民专业合作社法》赋予农民专业合作社法人地位,在实际工作中,我们了解到有些农民群众把农民专业合作社看作一种企业法人组织形态,其实,农民专业合作社与公司制企业法人有着较大的区别。

一是组成形式不同。农民专业合作社是在农村家庭承包经营基础上,同类农产品的生产经营者或者同类农业生产经营服务的提供者、利用者自愿联合、民主管理的互助性经济组织。农民专业合作社由5名以上成员设立,没有成员数量上限规定,农民成员比例不得低于百分之八十,成员入社自愿、退社自由,公司制的企业法人是由50名以下具有独立财产权利的股东联合设立,没有股东数量下限规定,一个自然人股东或者一个法人股东也可设立有限责任公司。股东身份可以是不同人群。股东在公司成立后不能抽回出资,只能依法向其他人转让持有的股份。

二是出资形式不同。农民专业合作社设立登记没有注册资本最低限额规定，成员出资方式、出资数额由全体成员共同协商认定，无须由专业机构评估认定，公司制企业法人设立登记有注册资本最低限额规定，成员出资方式、出资数额必须经由专业机构评估认定。

三是分配方式不同。农民专业合作社是按成员与本社的交易量（额）比例分配盈余，公司的利润是按股东的出资比例进行分配的。

四是服务方式不同。农民专业合作社主要为成员提供购销、加工、运输、储藏、技术、信息等方面的服务，联合成员进入市场，形成聚合的规模经济，增强市场竞争力，增加成员收入。公司制企业法人不是要使公司为自己提供服务，而是通过所有权与经营权分离的模式，对外展开经营活动，创造利润并回报股东。

五是管理方式不同。农民专业合作社是实行民主管理的自治经济组织，成员地位平等，实行一人一票的基本表决权制度。公司制企业法人是按股东出资比例行使表决权，出资越多，表决权越大。

因此，农民专业合作社是一种全新的市场主体，新的法人形式，是国家立法创新的成果。

（三）正确把握农民专业合作社发展观念的认识问题

发展农民专业合作社，应当充分尊重农民意愿，遵循市场发展规律，通过宣传、培育、引导的方法，循序渐进地促进发展，排除在发展观念上的两个认识偏差。

一是排除发展农民专业合作社只是工商部门的事情这一认识偏差。《农民专业合作社法》第9条规定：县级以上各级人民政府应当组织农业行政主管部门和其他有关部门及有关组织，依照本法规定，依据各自职责，对农民专业合作社的建设和发展给予指导、扶持和服务。工商部门是农民专业合作社的登记主管机关，是责任部门之一，发展农民专业合作社不能靠工商部门单打一地抓发展，应当在地方党委、政府统一领导下，明确各职能部门工作职责及要求，做到各司其职、各负其责，依靠社会各方面的共同努力，形成政府挂帅，部门协作，社会有关方面参与，共同促发展的工作格局。

二是排除采取行政命令方式发展农民专业合作社的认识偏差。农民专业合作社是农民出于经济利益，自愿联合和进行市场运作的互助性经济组织。各级政府部门不能采取下达发展指标等行政命令的方式推进发展，一哄而上。应当通过多种形式，多种层次向广大农民群众宣传《农民专业合作社法》的内涵及相关规定，使农民群众充分认识到成立农民专业合作社的好处及作用，自觉、自愿、自发联合。各级政府部门按照"引导不干预、指导不代替"的原则对农民积极加以引导,并根据各地农村经济发展的特点,有针对性地选择一批从事同类农产品生产经营的种(养)殖专业户予以重点帮扶,办好试点,引导其完善经营管理机制,规范生产经营行为。通过典型示范,加以推广,促进农民专业合作社健康发展。

三、农民专业合作社的基本要素

(一)成 员

1. 成员的基本要求

农民专业合作社的成员可以分为自然人成员和单位成员。自然人成员包括农民成员和非农民成员。但是,不允许单纯的投资股东成为成员,具有管理公共事务职能的单位不得加入合作社。

2. 成员比例要求

农民专业合作社的成员数量要求必须在5人以上,农民应占成员额的80%。成员总数20人以下的,可以有一个企业、事业单位或者社会团体成员;成员总数超过20人的,企业、事业单位、社会团体总数不得超过成员总数的5%。

3. 成员的资格证明

农民成员以农业人口户口簿为证,非农民成员提交居民身份证复印件,企业、事业单位或者社会团体成员提交其登记机关颁发的企业营业执照或证书复印件。

(二)组 织

1. 成员大会

成员大会是合作社的最高权力机构。成员总数超过150人的,可以根据章程规定,由成员代表大会行使成员大会职权。合作社的发展规划、决策,理事(长)、监事(会)成员的选举,分配方案,以及合作社章程的制定和修改等重大事项,都要经过成员大会或者成员代表大会讨论、投票表决通过。

2. 理事会

理事会是合作社的执行机构,对成员(代表)大会负责。合作社的重大事项由理事会提出决策建议后,交成员大会讨论决定。理事会依据章程规定,聘用经理等经营管理人员。

3. 监事会

监事会是合作社的监督机构,由成员代表大会直接选出,代表全体成员监督检查合作社的财务及监事会的工作,并向成员代表大会报告。

4. 经营机构

经营机构是合作社的经营和业务机构。规模较大的合作社也可以单设业务机构。主要将理事会的决策贯彻到日常经营管理工作中。

(三) 场　　所

农民专业合作社成员自有场所作为经营场所的，应提交有权使用的产权证明，租用他人的，应提交租赁协议和场所的产权证明。填写经营场所应该标明经营场所所在县市区、乡镇村、街道的门牌号。

(四) 出　　资

1. 自有资金

(1) 社员出资。参加合作社要出资，每个社员都要出资。随着合作社的发展，社员收入的增加和社员对合作社信赖程度的提高，社员就能够增加出资数额。

(2) 社员投资。合作社办企业和服务实体，需要动员社员投资。

(3) 公积金。合作社的公积金要根据合作社的经营情况决定，在合作社成立初期，经营规模比较小，公积金不可能提太多。

(4) 国家项目资金。随着国家扶持合作社的力度不断加大，项目资金会不断增加，有条件的合作社可以积极争取国家的项目资金。

2. 借入资金

(1) 社员借款。合作社在社员产品销售以后，可以动员社员把销售货款借给合作社，合作社参照存贷款利率付给利息。

(2) 社会借款。合作社向社会借款作为流动资金，包括向个人、企业借款。

(3) 银行贷款。向金融部门贷款，用于合作社扩大生产经营。

(4) 合作社内部资金互助。这是经金融监管部门批准，可采取的一种融资方法，但绝不能以营利为目的。

(五) 章　　程

农民专业合作社章程应载明下列事项：①名称和住所；②业务范围；③成员资格及入社、退社和出名；④成员的权利和义务；⑤组织机构及产生方法、职权、任期、议事规则；⑥成员的出资方式、出资额；⑦财务管理和盈余分配；⑧章程修改程序；⑨解散事由和清算方法；⑩公告事项及发布方式；⑪需要规定的其他事项。

四、农民专业合作社经营管理模式

随着新农村建设和农业现代化的推进，我国农村经济正逐步由资源依附型向技术密集型、资本密集型和组织创新型转变。农业、农村发展需要政府惠农措施的支持、高新科技的支撑、组织管理制度的创新，三者缺一不可。国内外实践表明，农民合作社等农村社会化服务体系是将政策（金融）、科技、管理有机融合于一体的重要平台。

当前，我国正处于传统农业向现代农业转型的关键时期，农业生产经营体系创新是推进农业现代化的重要基础，支持农民合作社发展是加快构建新型农业生产经营体系的重点。在农业发展日趋市场化、国际化的今天，大力发展农民合作社，并推进农民合作社经营管理模式的创新，对于加快传统农业向现代农业转变、推进农村现代化和建设新农村都具有重要意义。

（一）合作社融资模式

1. 联保贷款模式

"专业合作社成员联保贷款"采取综合权衡、分户授信、多户联保、责任连带、周转使用的方式发放，在贷款操作流程上与小企业联保贷款流程相似，即：客户申请—授信额度—贷款调查—审查审批—成员联保—发放贷款—贷后管理。在安全性上，由于采取多户联保、责任连带的方式，成员间相互监督用款，资金挪用风险降低，信贷资金相对安全；在便利性上，采取自愿组合、一次授信的方式，周转使用较为便利。以云南省元江县为例，在服务专业合作社金融产品开发方面，推出专业合作社成员联保贷款产品，主要服务群体为县域内的农村茉莉花生产小企业及农村专业合作社个体工商户，结合云南省联社《小企业联保贷款办法》，推出了"专业合作社成员联保贷款"，从而解决农村茉莉花生产小企业及农村专业合作社个体工商户融资困难的问题，首次筹集年联保贷款资金500万元，实现利息收入305848.14元。

2. 竞价销售模式

竞价销售模式一般采取登记数量、评定质量、拟定基价、投标评标、结算资金等方法进行招标管理，农户提前一天到合作社登记次日采摘量，由合作社统计后张榜公布，组织客商竞标。竞标后由合作社组织专人收购、打包、装车，客商与合作社进行统一结算，合作社在竞标价的基础上每斤加收一定的管理费，社员再与合作社进行结算。合作社竞价销售模式有效解决了社员"销售难、增收难"问题。以福建建瓯东坤源蔬果专业合作社为例，通过合作社竞价销售的蔬菜价格，平均每公斤比邻近乡村高出0.3元左右，每年为社员增加差价收入200多万元。

3. 资金互助模式

资金互助模式则有效解决了社员结算烦琐、融资困难等问题，目前福建省很多合作社成立了股金部，开展了资金转账、资金代储、资金互助等服务。规定凡是入市交易的客商在收购农产品时，必须开具合作社统一印制的收购发票，货款由合作社与客商统一结算后直接转入股金部，由股金部划入社员个人账户，农户凭股金证和收购发票，两天内就可到股金部领到出售货款。金融互助合作机制的创新实实在在方便了农户，产生了很好的社会效益。其优点在于农户销售农产品不需要直接与客商结算货款，手续简便，提高了工作效率；农户不需要进城存钱，既省路费、时间，又能保障现金安全；农户凭股金证可到合作社农资超市购买化肥、农药等，货款由股金部划账结算，方便农户；合作社可把社员闲散资金集中起来，供给资金困难种植户、经营户，起到很好的调剂互助作用。

4. 股权设置模式

很多合作社属于松散型的结合，利益联结不紧密，尚未形成"一赢俱赢，一损俱损"的利益共同体。可以在实行产品经营的合作社内推行股权设置，即入社社员必须认购股金，一般股本结构要与社员产品交货总量的比例相一致，由社员自由购买股份，但每个社员购买股份的数量不得超过合作组织总股份的20%。其中股金总额的三分之二以上要向生产者配置。社员大会决策时可突破一人一票的限制，而改为按股权数设置，这样有利于合作社的长足发展。

（二）合作社经营模式

1. 台湾产销班模式

借鉴台湾农产品产销班模式，发展农产品产销服务组织，如农产品产销合作社，将传统农业生产扩展到加工、处理、运输，延长农业的产业链条。一方面，生产前做好规划，生产规划迎合消费者的市场需要，做到产供销一体化。农业是弱质产业，容易受到外在因素的干扰，故应重视危机管理和预警体系的建立，生产前有完善的规划，对可能发生的气候变化、市场风险或其他意外，预先采取防范措施。另一方面，拓宽信息来源渠道，了解市场动态需求。通过多种渠道调查市场动态信息，并灵活运用信息，选择有利的销售渠道。不仅将产品转型为商品，而且要提升为礼品或者艺术品，赋予农产品新的价值，凸显新的文化特色，科学阐释农产品的营养价值，提升农业的文化层次和综合价值。

2. 带动依托模式

当前许多合作社带头人缺乏驾驭市场的能力，有了项目不懂运作，对市场信息缺乏科学的分析和预测，服务带动能力不强。对此，可以依托农业科研单位、基层农业服务机构、农业大中专院校等部门，开展从创业到管理、运营的全程带动。以对接科研单位为重点，开展创业辅导，建立政府扶持的农民专业合作社全程创业辅导机制。结合规范化和示范社建设的开展，政府组织有关部门对农民合作社进行资质认证，并出台合作社的资质认证办法，认证一批规模

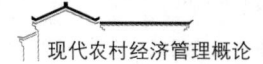

较大、管理规范、运行良好的合作社。在此基础上，依托有关部门和科研单位，建立健全全程辅导机制，进行长期的跟踪服务、定向扶持和有效辅导。该模式分为政府主导型和企业带动型，其中，企业带动型又以龙头企业带动型为主。

3. 宽松经营模式

要放宽注册登记和经营服务范围的限制，为其创造宽松的发展环境。凡符合合作组织基本标准和要求的，均应注册登记为农民专业合作组织。营利性合作组织的登记、发照由工商部门办理，非营利性的各类专业协会等的登记、发照和年检由民政部门办理；凡国家没有禁止或限制性规定的经营服务范围，农民专业合作社均可根据自身条件自主选择。同时，积极创办高级合作经济组织，在省、市、县一级创办农业协会，下设专业联合会，乡镇一级设分会，对农业生产经营实施行业指导，建立新型合作组织的行业体系。

当前，农业发展由主要依靠资源消耗型向资源节约型、环境友好型转变，由单纯追求数量增长向质量效益增长转变，凸显了农民专业合作组织在推广先进农业科技、培育新型农民、提高农业组织化程度和集约化经营水平等方面的重要载体作用。推进农民专业合作社经营以及管理模式的创新，并以崭新适用的模式辐射推广，必会推进农民专业合作社的长足发展，而这些也都需要我们根据实情不断地探索，并在实践中不断地完善。

【案例链接】

开启合作农场模式走现代农业新路
——宾川县宏源合作社党支部引领产业转型谱写富民强村新篇章

2018年，菜甸村合作农场种植了60亩阳光玫瑰葡萄，每公斤均价卖到60元，产值突破280万元，菜甸村村民葡萄收入已连续3年突破1100万元；力角镇小龙潭合作农场种植的93亩阳光玫瑰葡萄，实现产值460万元；宏源合作社在小河底发展种植的300亩阳光玫瑰葡萄，实现产值1500万元。这是宾川县宏源农副产品产销专业合作社引领产业转型，担当乡村振兴社会责任，带领果农走人无我有、人有我优、人优我特的现代农业发展路子得到的丰厚回报。

带领群众抱团发展闯市场

2009年，金牛镇菜甸村村民铁余斌带领15名农民发起成立了宾川县宏源农副产品产销专业合作社。自成立以来，合作社在"特"字上做文章，采取统一生产技术标准、统一科技培训、统一配方施肥、统一采购农资的保障措施，为社员无偿提供技术服务，并在中国葡萄学会和县、镇农科部门指导下，向社员推广葡萄标准化生产技术，先后引入种植红地球、夏黑、红宝石、火焰无核、阳光玫瑰、紫甘无核等优质葡萄。到2018年，合作社社员遍布坝区8个乡镇，拥有社员800多户，分设52个社员之家，社员种植葡萄面积有6000多亩，标准化种植面积超过3000亩。2015年、2016年和2017年，合作社销售葡萄的收入分别为9000万元、10800万元和12000万元，合作社公积金收益分别为50万元、60万元和70万元，同时合作社还带动永胜、元谋和双柏等地农民种植葡萄3600余亩。2018年合作社销售收入预计可达到15000万元、公积金收益可达84万元。

"我家是最早一批加入合作社的，现在已种植葡萄13亩，这些年我家葡萄收入每年都在20万元以上。"菜甸村村民杨林勇是参加合作社受益最大的社员之一。到2018年全村标准化种植葡萄700亩，利用村集体山林空地种植夏黑、克瑞森、火焰无核、阳光玫瑰、AI7、水晶、赤霞珠等葡萄239亩，滇橄榄158亩，突尼斯软籽石榴223亩。2015年菜甸村仅葡萄一项收入就突破900万元；2016年至2018年，菜甸村村民的葡萄收入连续3年突破1100万元。

发动群众归并土地促转型

针对葡萄生产中存在的土地零散、科技含量低、生产成本高、销售困难的问题，宏源合作社转变发展理念，在县镇党委、政府和农业技术部门指导下，采取"党支部＋合作农场＋合作社＋农户"的模式，于2016年11月引导菜甸村群众通过归并土地建立农民专业合作农场，相邻土地的17户农户以土地入股的方式归并土地60亩，从改进葡萄架式、优化品种结构到田间农事操作、肥水管理、果品质量控制等整个生产流程全面实行标准化生产、规模化种植、集约化经营。合作农场按每亩1.5万元的标准共筹集并投入建设资金105万元，对土地进行了规范化整理，于2017年1月栽下60亩阳光玫瑰优质葡萄。2018年菜甸村先后完成第二期、第三期规划。第二期有33户农户归并土地226亩，第三期牛滚塘山地的5户农户归并土地115亩，按规范化种植要求栽植了阳光玫瑰葡萄和A-17紫甘无核葡萄。合作农场共建成401亩的连片葡萄园。加上宏源合作社在村里的467亩示范园，全村80%以上的土地实现了规模化种植。与此同时，宏源合作社先后在金牛镇菜甸村、力角镇小龙潭、力角镇周能村等相继建起了6家农民合作农场，合作农场规模化种植面积达到650亩。生产标准化、种植规模化、经营集约化让葡萄产业实现由弱到强的转变，为优势产业转型升级做出了示范。

"2018年上半年，先后有100多个团队10000多人到合作社标准化生产基地观摩。"菜甸村村民组长、合作社董事长铁余斌不仅忙生产、忙管理、忙销售，还要腾出一定时间给前来参观的群众介绍经验。宏源合作社始终以服务群众为己任，根据农时节令，每年组织召开各种培训不低于30场次，培训果农2000多人次，9年来共组织召开各种培训270余场次，共培训果农18000多人次。合作社每年召开一次社员大会，认真总结生产、经营管理经验，并针对存在的问题制定改进措施，社员担责任的生产和管理水平在逐年提升。如今，合作社的生产基地已成为县内外果农参观学习的示范园。

服务群众与精准帮扶相结合

宏源合作社主动承担社会责任，积极参与全县的精准帮扶工作。菜甸村有3户建档立卡贫困户、2户低保户，因缺乏技术，生产收入较低，村里成立农民合作农场以后，合作社动员4户贫困户将土地并入合作农场统一管理，让4户贫困户和其他大多数村民一样，变成领工资的脱产农民，实现稳步增收。菜甸村后山坡上牛滚塘的5户群众，土地资源丰厚，但因缺水、缺技术，守着金饭碗过着穷日子，合作社将他们列入第三期合作农场进行开发，归并土地115亩，并建起了四台提水站解决了生产用水难题，指导农户按规范化要求种植了阳光玫瑰葡萄和A-17紫甘无核葡萄。合作社先后与100户贫困户结成帮扶对子，通过产业扶贫利益联结方式，给每户贫困户提供3200元的扶持，每年扶持资金32万元。合作社还对社员中的16户建档立卡贫困户进行重点帮扶，帮助他们学会运用标准化生产技术，通过发展生产走上脱贫致富道路。合作社还为全县46户建档立卡贫困户提供了80个务工岗位。

搭建服务平台，突破科技推广瓶颈

为降低规模化种植带来的风险，镇党委派出镇农业组高级农艺师刘凤弼联系指导宏源合作社党支部的工作，党支部决定在合作农场推行宏源合作社积累的生产和管理经验，从改良品种入手，率先在合作农场引进种植阳光玫瑰葡萄，推广单幅连棚降密提质促早熟栽培技术，引进以色列肥水一体智能化灌溉和施肥系统，并邀请中国葡萄学会专家、县镇农科员进行技术指导，从改进葡萄架式到田间农事操作、肥水管理、果品质量控制等整个生产流程全面实行标准化管理，为合作农场搭建起标准化生产技术推广运用平台，通过采取"统一供应农资、统一生产技术、统一产品标准、统一品牌包装、统一核算"的"五统一"管理办法，对基础设施建设、田间农事操作和市场销售全过程实施集约化经营管理。宏源合作社标准化生产技术平台为合作农场的建设提供了重要的技术保障。党支部还指导菜甸村将二期合作农场农户合并土地后增加的7.9亩土地作为集体股份入进合作农场，将集体股份分得红利作为村集体资金。

宏源合作社党支部书记铁余斌说："合作社从2009年以来虽然完成了我们的技术物资配套，但是在这个过程当中还有很多弊端，因为是小户经营的模式，我们生产出来的产品品质不统一。为了破解这些难题，宏源合作社党支部和菜甸村小组、小龙潭村民小组协商创建合作农场，2016年10月以来，相继实施了菜甸村、周能村和小龙潭共5个合作农场的创建工作，菜甸村一期和小龙潭合作农场今年的产值也在5万元左右。从现在看来合作农场的创建，我们觉得还是非常成功的。第一，它破解了小户生产应对大市场的难题。今年在品牌营销上还是取得了很好的成绩，果品成色标准一致。小家小户的生产成本居高不下，通过合作农场的创建，肥水、农药管理统一使用了智能化的灌溉技术，机械化的运用、道路的规范设计，极大地提高了生产效益。第二，在推动整村共同致富上也是非常有效的。村里的一部分人没有技术，种不好田，土地入进合作农场以后交给能人来管理，就可实现坐收红利，平时还可以来打打零工，解放了劳动力，现代化的设备给我们节约了大量的劳力。第三，土地的利用率提高了20%~30%。过去的田间埂道是利用不了的，现在打破了地界种上了庄稼。第四，通过整合资源，集体经济效益也得到了有效提升。"

（来源：宾川县金牛镇人民政府"金牛微讯e"公众号，2018年9月16日）

第四节 农业产业化发展

一、农业产业化的概念与意义

我国农村产业化发展的构想要回溯到20世纪80年代中后期。1986年山东省枣庄市首先试行了农民养羊、农行贷款、工厂贴息和建立基地、搞好服务、完善购销合同、厂农挂钩的方法，在市场经济条件下，初步探索出了一条通过利益调节，进行农工商、产加销一体化经营的路子。1990年以后，这种农村经济发展模式在河南、安徽、江西、河北、浙江等省相继出现。同时，随着农业产业化的兴起，学术界逐渐对农业产业化开展研究，给出许多不同的定义。

（一）农业产业化的概念

农业产业化是以市场为导向，以经济效益为中心，以主导产业、产品为重点，优化组合各种生产要素，实行区域化布局、专业化生产、规模化建设、系列化加工、社会化服务、企业化管理，形成种养加工、产供销、贸工农、农工商、农科教一体化经营体系，农业产业化使农业走上自我发展、自我积累、自我约束、自我调节的良性发展轨道的现代化经营方式和产业组织形式。它实质上是指对传统农业进行技术改造，推动农业科技进步的过程。这种经营模式从整体上推进传统农业向现代农业的转变，是加速农业现代化的有效途径。

农业产业化的基本思路是：确定主导产业，实行区域布局，依靠龙头带动，发展规模经营，实行市场牵龙头，龙头带动基地，基地连接农户的产业组织形式。它的基本类型主要有市场连接型、龙头企业带动型、农科教结合型、专业协会带动型。

农业产业化是当前农业产业发展的一种经营模式，具有联合体的内涵。如果合作社是一种合作共赢的组织形式，那么产业化是一种缔结联盟的一体化过程。农业产业化经营的组织形式基本上是"公司+基地""公司+农户"或"公司+基地+农户"模式。农业产业化是我国在积极推进农业产业化经营，提高农民进入市场的组织化程度和农业综合效益时，按照依法、自愿、有偿的原则逐步发展起来的规模经营，主要体现在经营机构新、经营权限新、管理机制新等方面，是农业发展思路的创新。

（二）农业产业化的基本特征

当下农业产业化经营与传统封闭的农业生产经营相比，具有以下一些基本特征：

1. 市场化

市场是农业产业化的起点和归宿。农业产业化的经营必须以国内外市场为导向,改变传统的小农经济自给自足、自我服务的封闭式状态,其资源配置、生产要素组合、生产资料和产品购销等要靠市场机制实现。

2. 区域化

区域化即农业产业化的农副产品生产要在一定区域范围内相对集中连片,形成比较稳定的区域化的生产基地,以防生产布局过于分散造成管理不便和生产不稳定。

3. 专业化

专业化即生产、加工、销售、服务专业化。农业产业化经营要求提高劳动生产率、土地生产率、资源利用率和农产品商品率等,这些只有通过专业化才能实现。特别是作为农业产业化经营基础的农副产品生产,要求把小而分散的农户组织起来,进行区域化布局、专业化生产,在保持家庭承包责任制稳定的基础上,扩大农户外部规模,解决农户经营规模狭小与现代农业要求的适度规模之间的矛盾。从宏观上看,推进农业产业化经营的地区根据当地主导产业或优势产业的特点,形成地区专业化;从微观上,实行产业化经营的农业生产单位在生产经营项目上由多到少,最终形成专门从事某种产品的生产。

现在实行农业产业化经营,是从大农业到小农业,逐步专业化的过程。只有专业化,才能投入全部精力围绕某种商品进行生产,形成种养加、产供销、服务网络为一体的专业化生产系列,做到每个环节的专业化与产业一体化相结合,使每一种产品都将原料、初级产品、中间产品制作成为最终产品,以商品品牌形式进入市场,从而有利于提高产业链的整体生产效率和经济效益。

4. 规模化

生产经营规模化是农业产业化的必要条件,其生产基地和加工企业只有达到相当的规模,才能达到产业化的标准。农业产业化只有具备一定的规模,才能增强辐射力、带动力和竞争力,提高规模效益。

5. 一体化

农业产业化经营一体化即产加销一条龙、贸工农一体化经营,把农业的产前、产中、产后环节有机地结合起来,形成"龙"形产业链,使各环节参与主体真正形成风险共担、利益均沾、同兴衰、共命运的利益共同体。这是农业产业化的实质所在。

农业产业化经营是从经营方式上把农业生产的产前、产中、产后诸环节有机地结合起来,实行农业生产、农产品加工和商品贸易的一体化经营。一体化组织中的各个环节有计划、有步骤地安排生产经营,紧密相连,形成经济利益共同体。农业产业化经营不仅从整体上提高了农业的比较效益，而且使各参与单位获得了合理份额的经济利益。这与实施产业化经营以前的分割式部门"条条"化形成鲜明的对比。农业产业化经营既能把千千万万的"小农户""小生产"和复杂纷繁的"大市场""大需求"联系起来，又能把城市和乡村、现代工业和落后农业联结起来，从而带动区域化布局、专业化生产、企业化管理、社会化服务、规模化经营等一系列变革，使农产品的生产、加工、运输、销售等相互衔接，相互促进，协调发展，实现农业再生产诸方面、产业链各环节之间的良性循环，让农业这个古老而弱质的产业重新焕发生机，充分发挥作为国民经济基础产业战略地位的作用。

6. 集约化

农业产业化的生产经营活动要符合"三高"要求，即科技含量高、资源综合利用率高、效益高。农业与工商业的结合，从根本上打破了传统农业生产要素的组合方式和产品的销售方式，使农业生产者有机会获得农产品由初级品到产成品的加工增值利润。产业化经营的多元体结成"风险共担、利益均沾"的经济利益共同体，是农业产业化经营系统赖以存在和发展的基础。在单纯的市场机制下，一旦供求关系发生变化，市场价格便随之波动，甚至是剧烈波动，影响农业生产者的利益，也影响农产品加工、贮运企业的利益。产业化经营系统内各主体之间不再是一般的市场关系，而是利益共同体与市场关系相结合、系统内"非市场安排"与系统外市场机制相结合的特殊利益关系。由龙头企业开拓市场，统一组织加工、运销，引导生产，可以最大限度地保证系统均衡，使其内部价格及收益稳定，实现各参与主体收益的稳定增长。产业化经营的多元参与主体之间是否结成"风险共担、利益均沾"的共同体，是产业化经营的重要特征，也是衡量经营实体是否为产业化经营的核心标准。

7. 社会化

社会化即服务体系社会化。农业产业化经营，要求建立社会化的服务体系，对一体化的各组成部分提供产前、产中、产后的信息、技术、资金、物资、经营、管理等的全程服务，促进各生产经营要素直接、紧密、有效地结合和运行。

社会化服务是农业产业化经营的题中应有之意。作为一个特征，它一般表现为通过合同（契约）稳定内部一系列非市场安排，使农业服务向规范化、综合化发展。即将产前、产中和产后各环节服务统一起来，形成综合生产经营服务体系。在国外较发达的紧密型农工综合体中，农业生产者一般是从事某一项或几项农业生产作业，而其他工作均由综合体提供的服务来完成。在我国，随着农业产业化经营的发展，多数龙头企业从自身利益和长远目标考虑，尽可能多地为农户提供从种苗、生产资料、销售、资金到科技、加工、仓储、运输、销售诸环节的系列化服务，从而做到基地农户与龙头企业互相促进、互相依存、联动发展。

8. 企业化

企业化即生产经营管理企业化。不仅农业产业的龙头企业应规范地企业化运作，而且其农副产品生产基地为了适应龙头企业的工商业运行的计划性、规范性和标准化的要求，应由传统农业向规模化的设施农业、工厂化农业发展，要求加强企业化经营与管理。

产业化经营需用现代企业的模式进行管理。通过用管企业的办法经营和管理农业，使农户分散生产及其产品逐步走向规范化和标准化。从根本上促进农业增长方式从粗放型向集约型转变。以市场为导向，根据市场需求安排生产经营计划，把农业生产当作农业产业链的第一环节或"车间"来进行科学管理。分类筛选、妥善储存、精心加工，提高产品质量和档次，扩大增值空间和销售数量，从而实现高产、优质、高效的目标。

上述特点说明，产业化的内涵非常丰富，从这些丰富的内涵中，还可以引申出其他许多外延作用和意义。例如对乡镇企业产业结构和产品结构调整的作用，对新农村建设、小城镇建设和农村城镇化的推动作用，等等。

（三）农业产业化的意义

从经济学和管理学的角度来看，农业产业化的深远意义在于它能够发挥一体化产业链诸环节的协同效应和利益共同体的组织协同功能，把农业生产的产前、产中、产后很好地联系起来，引导小农户进入大市场，扩大农户的外部规模，形成区域规模和产业规模，产生聚合规模效应，合理分配市场交易利益，产生农业自立发展的动力。

实行农业产业化发展，不仅能给农民收入增长带来极大的效应，而且能对我国农业的发展起到组织和导向的作用。其重要意义有：①有利于提高农业产业结构，增加农民收入；②有利于农业现代化的实现；③有利于提高我国农业的国际竞争力；④有利于提高农业的比较利益；⑤有利于加快城乡一体化进程；⑥有利于吸收更多的农业劳动力；⑦有利于提高农业生产的组织化程度。

二、农业产业化经营的条件

（一）有可依托的龙头企业

农业产业化经营一般是以龙头企业为主导发起或建立起来的运作模式，是把龙头企业建设作为发展农业产业化的关键环节。在农业产业化发展过程中，龙头企业起到"火车头"的作用，其经济实力和带动能力，直接决定着农业产业化发展的程度和水平。龙头企业必须具有对签约农户农产品进行收购、加工或经销的能力，发挥连接基地农户和市场之间的桥梁和纽带作用。农业产业化对龙头企业的性质、经营内容等要求不高，龙头企业可以是国有企业、民营企业、私营企业或外资企业等，也可以是农贸企业、加工企业、经销企业、专业市场、中介组织、科技集团等。

（二）具备规模化的农产品生产基地和一定组织化程度的基地农户

农业产业化、规模化发展需要越来越多的零散或小群体农户加入进来，形成足够数量的农产品商品生产基地，并能达到一定批量的商品产量和产值，才能实现专业化生产、区域化布局、集约化经营和社会化服务。如果没有大批农户并生产出批量的商品，就表明生产基地尚未达到一定规模，无法实现农业产业化经营。另外，对农户的组织化程度也要有一定的要求。要以农户易于接受的组织形式，使农户在自愿互利的基础上形成各种不同类型和规模的互助合作组织，加强与龙头企业及市场的联系。基地建设就是一种生产组织形式的建设，为了维护共同的利益，能够将分散的个体农户通过谈判等形式组织起来，克服一家一户的管理困难，发挥群体的优势。

（三）龙头企业和农户之间形成产业联盟体系

在实施农业产业化的过程中，各种不同的社会经济主体包括国家、工业资本、商业资本、银行资本和农民专业合作社等都参与了农业产业化的发展，但是，无论什么样的社会经济体都必须与基地农户之间建立起相对稳定的联系，形成相对稳定的产业链和一定程度的利益共同体。所谓的产业链，又是建立在高度集成的供应链体系之中，该体系中产业主体间的关系具体表现为联盟关系，即产业联盟。这种关系可以是较松散的信誉型市场交易利益共同体之间的联盟，也可以是通过书面契约或章程建立起的紧密型合同制和合作制利益共同体之间的联盟，形成有机结合的农工商或农商型产业链，并形成不同联系程度的利益共同体。这些利益共同体的缔造，是保障基地农户和企业共同发展的重要基础。

（四）具有符合市场需求的主导产业和产品

主导产业是指具有一定规模，能够最迅速、有效地吸收创新成果，满足大幅度增长的需求而获得持续高速的增长率，并对其他产业有广泛的直接和间接影响的产业，这就要求联盟体系具备一定的市场灵敏度。主导产业是现阶段区域经济发展的支撑力量，是区域经济增长的火车头和驱动轮，离开主导产业的支撑去发展区域经济只能是空中楼阁。我国地区间经济发展水平、资源条件等差异较大，各地区应该重点发展本地区具有优势的产业，能否正确地选择区域主导产业，合理地确定其发展规模和速度，关系到区域经济建设的成败和区域可持续发展。

（五）成熟的社会化服务系统

基地范围内要有较完善的社会化服务系统，是基地建设实现规模化、集约化的重要保证。要以健全乡村集体经济组织为基础，以国家专业技术部门和龙头企业为依托，以农民自办服务组织为补充，从良种繁育、种苗提供、饲料供应、技术服务、加工、运销、信息等方面建立起全方位、多渠道、多形式、多层次的服务系统。

三、农业产业化经营模式

（一）龙头企业带动型（龙头企业＋农户）

龙头企业带动型模式是以经济实力较强的农业生产资料生产和供应企业或农产品的加工和销售企业为龙头，对某一农产品实行系列化生产经营，带动农产或相关的生产企业发展优势产业和重点产品，联结生产基地和农户，形成紧密程度不同的产加销一体化经营。这种模式的优势在于：①龙头企业为农民承担市场风险和管理风险。②"公司＋农户"的生产经营组织形式，有效地改变了过去那种企业与农户利益直接对立的状况，建立了利益共享、风险共担的利益分配机制。③龙头企业与农户在资金、土地、劳动力和技术市场生产要素上实现了优势互补，龙头企业负责技术、资金密集、风险大的部分，劳动密集和风险小的部分交由农户负责，形成新的生产力。龙头企业与农户结合，既发挥了大规模经营的优越性，又弥补了农业小生产在经营环节上的缺陷，调动了农户生产的积极性，实现了更高层次上的双层经营。该模式缺陷在于：受市场供求变化影响大，农产品的供求关系难以稳定，合理的利益分配善不完善。

（二）专业市场带动型（市场＋农户）

专业市场带动型模式的优势在于：专业市场成为农产品的集散地，加快了农产品的流通速度，减少了农产品流通环节，降低了交易费用。这种模式的缺陷在于：市场体系和基础设施建设尚需完善。农村流通中介组织还未发展完善，还需要培育专业化的经纪人队伍及提高农民参与流通的组织化程度。

（三）特色主导产业带动型（规模特色产业＋农户）

特色主导产业带动型模式的优势在于：投资少、易起步、风险小，尤其适合经济欠发达地区，资源优势相对突出，生产专业化水平高，形成专业村、专业乡，形成产、加、运、销为一体的产业群体。这种模式的缺陷在于：受资源比较优势战略的影响，不容易把握市场需求；产业层次低、产品质量差、市场竞争力弱；产业（产品）结构单一，对市场的需求动态适应性不强。

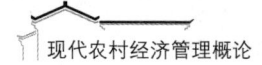

（四）服务组织带动型（服务组织+农户）

服务组织带动型模式的优势在于：能够提高农民组织化程度，较好地解决农户生产规模小与市场的矛盾。这种模式的缺陷在于：有些服务以盈利为目的，不考虑农民利益，借服务为名随意加价收费。有些社会化服务基础工作不扎实，随意性太大，农民难依赖。有些服务抓不住重点，不能解决农民迫切需要解决的问题。

（五）农业园区带动型（农业高新技术园区、示范园+农户型）

农业园区带动型模式的优势在于：典型示范作用强，农业科技推广效应大。这种模式的缺陷在于：资金投入巨大，受资金约束强；科技水平要求高，受大多数农民文化素质和科技素质不高因素制约，大面积推广条件不成熟。

（六）中介组织协调型（"农产联"+企业+农户）

中介组织协调型模式的优势在于：信息渠道畅通，便于信息沟通，便于协调上级、县市政府之间的关系，一方面得到省（市、自治区）和国家有关部门的支持，另一方面避免不正当竞争。方便合作开发，"农产联"在市场、产品、人才和生产企业等方面可进行合作开发，以进一步提高企业素质、人才素质和产品质量，更高效地开发国内国际市场。这种模式的缺陷在于：该类型的中介组织主要是行业协会，其类型属于松散型组织。

【案例链接】

宾川县绿色果品开发有限公司
"农业+X"工程打造民营科技企业

宾川县绿色果品开发有限责任公司成立于1994年，于成立之初率先把宾川的蔬菜、水果、甘蔗运销东北市场，实现农资连锁配送、经营为一体的产业链经营模式。

在产业模式转型升级的今天，多元化产业集合是发展的必然选择，宾川县绿色果品开发有限公司以培育爽馨—心太软石榴新品种的基础上，建立千亩石榴现代农业科技示范园，采取"公司+示范基地+合作社+农户+市场"的经营模式，带动全县及周边地区发展近4万亩果园，开辟了国际国内市场，平均亩产值为4万余元，最高达8万元。

产业模式转变实现新突破。2010年以来，实施"农业+X"工程。这其中的"X"一是指品牌建设。运用品牌效应将农业产业渗透进市场。通过申办"出口农产品种植和出口水果基地备案",注册"爽馨、盛唐峰韵"等八个商标,"爽馨"商标荣获"云南省著名商标"称号,并向国家知识产权局申报七项、获批四项发明专利,使该品牌的石榴逐渐拓展深入市场,树立农业品牌形象。二是指精深加工。从产品线入手,丰富终端产品形式。在石榴产品退出后,开发了"盛唐峰韵"石榴酒、"馨如故"石榴汁,以及"榴花湾"蜂蜜,将主导产业多元化,挖掘产业潜力。三是指生态旅游。在挖掘核心产品产业线的同时,将生态旅游贯穿产业始终,打造不一样的乡村体验。在生产线与旅游业相结合的情况下,整合生产要素资源,创建集生态餐饮、休闲、观光、垂钓、体验、会议为一体的"爽馨"石榴农业生态旅游休闲精品庄园,该庄园被认定为"云南首届休闲农业与乡村旅游示范企业、全国休闲农业与乡村旅游示范点"。四是指生态养殖。完成养殖与种植一体化,促进生态系统资源有效利用。五是指互联网。随着市场深入与产业渗透,将产品从当地引入外地,国内引入国外,运用互联网营销拓宽销售渠道,打造一系统多元化销售网络,获"中国科技创新型企业"荣誉。逐步实现"一产、二产、三产"的三产同步,"旅游、文化、品牌"的三位一体,"经济、社会、生态"的三效并举的高原特色现代农业发展的目标。

第五节 现代农村产业融合

一、农村产业融合的概念、目标和模式

(一) 农村产业融合的概念

农村产业融合是以农业为基本依托,通过产业链条延伸、产业融合、技术渗透、体制创新等方式,将资本、技术以及资源要素进行跨界集约化配置,拓宽农民增收渠道、构建现代农业产业体系,加快转变农业发展方式,达到一产、二产和三产的全面融合发展目标。

近年来,国内学者对农村产业融合进行了大量研究,对其"内核"已基本形成共识。农村产业融合的路径是产业间的融合渗透与交叉重组,融合的表征是产业链延伸、产业范围拓展和产业功能转型,融合的结果是产业发展和发展方式的转变。

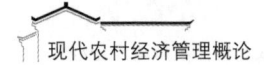

（二）农村产业融合的目标

农村产业融合的目标主要有三个方面：一是促进农业高质量发展，实现土地产出率、劳动生产率、资源利用率和全要素生产率提升；二是持续增进农民福祉，包括就业创业渠道拓宽、收入持续增长、社会保障与福利水平持续提升、基本公共服务均等化享有等；三是不断增强农业创新力和竞争力，实现农业农村现代化和乡村振兴。

（三）农村产业融合的模式

目前，我国农村产业融合发展持续推进，从新兴产业的替代融合方面思考，可将农村产业融合归纳为以下4种模式：

1. 农业内部交叉融合模式

以农业独特的优势资源为基础，不断调整、优化农业种植和养殖结构、产业结构，整合资源，构建新型种养模式。立足优势农业资源，注重农业废弃物的资源化利用，发展生态循环农业，实现农业产业的扩展与增值，提高农业生产效率，实现农业生态环境的可持续发展。

2. 农业产业链延伸融合模式

以农产品终端消费需求为导向，依托主导优势产业，向前、向后延伸以拉长融合发展链条，构建农产品从田间到餐桌、从初级产品到终端消费无缝对接的农业产业链延伸融合模式，最大限度地拓展农业的利益空间。

3. 农业功能拓展融合模式

在稳定的传统农业基础上，不断推进农业与乡村旅游、传统文化、科普教育、素质拓展、康体运动与休闲娱乐等产业的深度有机融合，构建集生产、生活、生态功能于一体的农业产业新体系。

4. 先进要素渗透融合模式

立足科技进步和模式创新，利用物联网、云计算、大数据分析等新一代信息技术，借助互联网平台，充分发挥信息指导生产、引导市场的作用，大力发展农村电商、智慧农业等新产业，推动农商直供、产地直销、食品短链、个性化定制等新型经营模式的前进。

二、乡村旅游经济

乡村旅游作为推进现代农村产业融合发展的一种重要途径，得到了迅速发展，深受广大游客的青睐，也逐渐向规范化发展，2015年中央一号文件提出，要积极开发农业多种功能，挖掘乡村生态休闲、旅游观光、文化教育价值。

（一）大理乡村旅游的类型

根据大理州内乡村旅游的实际情况，可将乡村旅游分为以下几大类：

1. 综合性农业旅游基地

综合性农业旅游基地要集生态农业观光、休闲度假、特色生态农产品为三位一体，兼具生态性、艺术性和趣味性，为游客提供良好的观光、休闲、度假环境。例如，大理隐仙溪现代农业庄园等。

2. 乡村休闲体验区

乡村休闲体验区要以乡村绿色自然景观、田园风光、特色农业养殖（包括花卉、果蔬）和乡村民俗文化为主题，展现传统又具有现代感的特色乡村民俗风情及特色农业现代化生产方式，注重激发游客的深层体验感受。例如，大理市樱花谷苴景轩农庄等。

3. 乡村民俗文化村寨

乡村民俗文化村寨要借助当代现有的原始居民村落，利用农村特有的地域风俗习惯、民俗文化活动，让游客尽情享受浓郁的乡村风情和民俗文化，重点开发休闲农庄、农舍，满足市场需求。例如，诺邓古村、沙溪古镇、洱源郑家庄等。

4. 乡村历史文化旅游

乡村历史文化旅游要以历史文化为主题与依托的背景，将乡村旅游与当地历史文化旅游有机整合，结合历史文化开发旅游活动，开发农业文明追溯、乡村文化历史遗迹旅游项目。例如，南诏古镇巍山。

5. 乡村特色康乐旅游

乡村特色康乐旅游要以康体疗养和健身娱乐为主题、依托大理境内的自然资源，开发水上休闲运动等项目。例如，地热国温泉度假区、大理普陀泉SPA温泉度假村等。

6. 特色乡村集镇

对大理州乡村生态、历史文化、民俗风情、特色物产等资源突出的乡村小集镇，进行特色集镇旅游开发，突出乡村休闲、特色美食等项目。例如，巍山小吃节、三月街民族节等。

（二）大理乡村旅游开发特色

1. 以特产养殖为基础的美食旅游

推出本地特色养殖农户，发展乡村美食旅游的一套模式，结合大理的果蔬花卉、各大景区周边生态园等产品，推出原生态美食大餐，例如，全鲜花宴、野生菌宴等。

2. 以花卉苗木为基础的生态旅游

充分利用大理得天独厚的生态环境和丰富的资源，开展花木观光、花卉栽培、苗木种植、生态采摘、盆景制作等主题的各类活动，研制出美食、养生、养颜等系列花木产品。

3. 以民俗文化为基础的节庆旅游

开展内涵丰富、形式多样的民俗文化活动,如茈碧湖歌会、火把节、剑川骡马会等,推出特色鲜明的系列民俗文化旅游产品,增色大理乡村旅游的人文内涵。

(三)大理乡村旅游开发原则

为推进大理乡村旅游的发展,必须坚持以下开发原则:

1. 保护环境,持续发展

乡村旅游的发展,必须要以环境保护为中心,要始终坚持维护人与自然和谐平衡发展。在充分利用现有乡村生态、文化旅游资源,满足乡村旅游业发展需要的同时,应更加注重乡村生态环境、文化遗产的有效保护,实现乡村生态旅游的健康可持续发展。

2. 政府主导,市场导向

乡村旅游发展面临着诸多制约因素,这就需要政府发挥主导作用,充分整合、利用各种资源,特别是在政策引导、统一规划、推广宣传方面起到核心作用。建立一套面向市场的开发管理机制,产品开发方向、市场应用规范及服务等方面,都应紧密结合市场需求。

3. 突出个性,创立品牌

乡村旅游产品需具备一定的规模,且项目类型丰富,应注意结合大理的乡村特点和民族特色,发展以花卉植物观赏、畜禽养殖、果蔬水产采摘、生态园林美景、民俗文化等为主题的多样化旅游项目。在项目类型丰富的情况下,也应注重统一管理、整体营销,注意乡村旅游的差异化发展。

(四)乡村旅游开发战略与措施

1. 提高认识,改变观念

在思想上对发展乡村旅游必须具有系统、全面的认识。正确理解发展我国乡村旅游的现实意义和功能优势,认清乡村旅游的主要内容与基本特点。充分认识乡村农业不仅是农村的主导产业,而且是重要的乡村旅游资源之一,协调好乡村旅游业与乡村农业的关系。同时,要对整个乡村旅游项目开发过程可能带来的各种负面影响情况进行深入科学的分析,制定安全防范措施,防止破坏自然生态平衡、损害生态环境的事情发生。

2. 科学规划

规划是促进旅游健康有序持续发展的重要基础。乡村旅游开发要在结合当地的自然地理条件、生态环境、资源情况、文化特色及旅游市场等因素进行认真和翔实的实地调查与综合评价后,进行统筹安排,全面规划。不能盲目地进行旅游项目投资与开发,尽量避免相邻地区旅游形式相似和重复建设的现象出现。乡村旅游与传统旅游景点之间也要注意有机结合,提升对游客的吸引力,从而有效促进乡村旅游有序、稳定、健康的发展。

3. 保护环境卫生

乡村旅游开发要有统一规划,不能私自乱搭乱建,破坏村落的原始古建筑;要把乡村卫生环境搞好,与当前的新农村建设相结合,要有新农村的气息;要规划好景点游览线路,完善旅游标识;要严格规范商业网点的合理布局,不要让商业气息冲淡浓厚的乡村民俗文化氛围,要努力让旅游者从中找到回归自然的感觉。

4. 提高乡村旅游文化品位,提高服务人员的素质

需根据乡村旅游发展特点,注重加强乡村旅游项目开发中人才队伍的建设与培养。不断加强经营管理者、从业人员、村民等相关人员的业务技能培训,提高服务接待水平,使得乡村旅游有规模、上档次,从而推动乡村旅游的有序发展。

5. 完善旅游基础设施建设

加大乡镇级旅游景区基础公共设施建设,解决道路、停车场、洗手间等公共设施不完善的问题;不断提高旅游客房、餐厅等主要食宿设施的设备条件,改善卫生,使游客能住得安心、舒适,提高游客的满意度,以此吸引更多的游客前来观光度假。

6. 加大乡村旅游的投资力度

资金支持是推进乡村旅游开发的重要条件。乡村旅游既需要对基础设施进行完备的建设,又需要加大对外宣传,这就需要有一定的资金保证。乡村旅游项目开发资金可通过政府投资、引进外资和鼓励村民出资合股联营三条渠道筹集。

三、绿色乡村

2018年中央一号文件指出:推进乡村绿色发展,打造人与自然和谐共生发展新格局。党的十九大工作报告也突出强调了美丽乡村的建设是党和政府未来工作的重点,把打造人与自然和谐共生发展新格局摆在了更加突出的位置。绿色乡村作为推进现代农村产业融合发展的一个重要前提,可以改善农村人居生活环境,构建生态宜居的农村环境,实现乡村经济振兴发展战略。

(一)我国农村的环境状况

农村本来是生态涵养的主体区和生态文明的主战场,但目前农村生态环境遭到严重破坏,已成为制约我国农村健康、可持续发展的主要因素之一。我国

农村环境污染突出表现在以下几个方面：
1. 农业污染

根据我国生态环境部公布的2017年全国土地环境状况相关统计数据，我国中等及中等以下质量的耕地占比超过70%，可见我国耕地质量状况整体偏低。由于耕地保护问题长时间未受到重视，过量排放含有重金属的化肥以及生活污水、工业废水等，使耕地点位超标率逼近20%，耕地污染形势十分严峻。其中，因受到重金属污染，我国粮食损失总量超过1200万吨，经济损失达200亿元。

2. 垃圾污染

在无机物产品被大量使用的情况下，农村生活垃圾大量增多，除此之外，大量的建筑垃圾、工业废渣和生活垃圾也从城市运到了农村。由于一些农村仍然缺乏垃圾运输、收集和处理的设施，农民直接焚烧处理大量的垃圾，这些垃圾中通常包括很多塑料制品，产生大量的黑烟及刺激性气味，给环境造成严重的二次污染。

3. 污水污染

农村污水主要有两大类：一类是日常生活污水，包括厕所污水、洗衣污水和厨房污水等；另一类是生产污水，包括农产品加工业、畜牧养殖业以及一些民营企业或者城市排放的酸性、含重金属的废水。这些污水的排放已经严重污染了水资源。

（二）构建绿色乡村的措施

1. 加强农民对农村环境的保护

村委会要充当农村环境保护宣传组织管理者的作用，多方位开展农村环境保护宣传教育工作，增强农民的环境保护意识，组织农民开展多种形式的环境保护活动。鼓励农民自主学习环境保护知识，减少塑料制品的使用，学会垃圾分类，循环使用回收材料。村委会还要对农民的生产行为进行规范性引导，种植一些适合当地生态环境、土壤和气候的农作物，用农业复合肥代替化学肥料，提升土壤肥力，降低土壤污染。

2. 发展绿色生态农业

政府部门要积极推进实施有机肥替代化肥，农作物秸秆转化综合利用，病虫害绿色防控，废弃物、畜禽粪污处理和农膜回收等措施。实行垃圾回收收费管理制度，让农民承担部分费用。要深入实施藏粮于地、藏粮于技战略，坚持最严格的自然耕地资源保护制度和最严格的水资源使用管理制度，统筹推进节水护水工作。将发展乡村生态优势转化为发展绿色生态经济的优势，提供更多更好的绿色生态产品和服务，促进生态良性循环。

3. 强化农业绿色发展的保障措施

一要建立健全适合农业绿色发展的支持补贴政策；二要加快培育农业绿色发展的经营主体；三要不断强化适合推动农业绿色发展的科技支撑；四要建立农业绿色发展的监测跟踪评价体系。通过这些改革举措，建设绿色乡村。

第四章 农产品营销与流通

第一节 农产品市场营销

一、农产品市场营销的内涵

(一) 农产品市场营销的概念

农产品是指种植业、养殖业、林业、牧业、水产业生产的各种植物、动物的初级产品及初级加工品,如粮食、油料、木材、肉、蛋、奶、畜产品、水产品、蔬菜、花卉、果品、中药材等。

农产品市场营销是指从事农产品生产和经营的个人和组织,在农产品从农户到消费者的环节中,实现满足个人和社会需求目标的交易活动。简单来说,农产品市场营销就是为了满足人们的需求和欲望而进行的农产品推销活动。它要求农产品生产经营者不仅要研究人们对农产品的现实需求,还要研究对农产品的潜在需求,并创造需求。

(二) 农产品市场营销的特点

农产品因其自然属性的特殊性,在市场营销活动中也呈现出自身的一些特点。

1. 农产品生产的生物性、自然性

农产品大多是生物性自然产品,具有鲜活性和易腐性,如蔬菜、水果、花卉等的鲜活期较短,一旦失去鲜活性,其价值就会大打折扣。

2. 农产品在供给上具有很强的季节性

受动植物自身生长规律的影响,农产品的供给具有很强的季节性和周期性。比如葡萄,南方地区一般在 6~7 月成熟,北方地区一般在 7~8 月成熟。但随着农业科技技术的进步,出现了反季农产品,在农产品市场营销中具有一定的优势。

3. 农产品需求的大量性、持续性和多样性

大部分农产品是满足人类基本生产和生活的必需品,这种需求是长期持续存在的,而且不同的人对不同的农产品需求量也不同,随着社会经济的发展,人们对农产品的需求呈现出小型化、特产化、精致化的特点。

4. 政府宏观政策调控的特殊性

农业是国民经济的基础,农产品关乎国计民生。但由于农业生产具有不稳定性等特点,依靠市场机制不能有效地解决这些问题,所以需要政府在市场配置资源的基础上,采取一定的政策手段加以宏观调控来扶持和调节农业生产经营。

二、农产品市场与营销现状

(一) 农产品市场的概念

农产品市场是农业商品经济发展的客观产物,是将农产品作为商品的交换场所,是农产品的买方、卖方和中间商组成的一个有机整体。按农产品销售方式可分为农产品批发市场、农产品零售市场、农产品超级市场(超市)。农产品批发市场的功能是批量地销售农产品,一般是商人之间的交易市场,农产品通过销售商分散销往全国各地。如大理市凤仪农产品批发市场、大理粮油批发市场、大理水果批发市场。农产品零售市场是进行小量农产品交易的最终场所,以鲜活农产品为主,交易方式主要是现货交易,交易数量小。农产品市场按交易场所分为产地市场、销地市场、集散与中转市场,按交易方式分为现货交易和期货交易。

(二) 农产品市场及营销发展现状

1. 农产品市场建设发展较快

随着经济、科技的快速发展,消费者消费观念不断改变,农产品市场也在不断地发展和完善。农产品市场从数量扩张向质量提升转变,硬件设施得到了明显改善,运行质量也得到了提高。另外,农产品专业市场类别不断增多,出现了蔬菜市场、水果市场、粮油市场等多种类别市场,初步形成了综合批发市场、专业批发市场、集市贸易和零售并行的农产品市场流通体系。

2. 传统农产品批发市场成为农产品流通的主渠道

日常生活中消费的生鲜农产品80%~90%是由批发市场提供的,农产品需经过农户、经纪人、批发市场、零售市场几个环节进入消费者手中,批发市场已成为现阶段农产品流通的主渠道。目前,大大小小的批发市场基本上覆盖了县市一级,大致形成了以城乡集贸市场、农产品批发市场为主导的农产品营销渠道体系,发挥着集散商品、形成价格、传递信息等作用,对加快农产品流通

市场化，提高农民收入，满足消费者多样化与周年化的需求，提高流通效率等都重大促进作用。

3. 连锁超市、各类大卖场等现代渠道发展迅速

以配送中心、超市、大卖场等为主的现代农产品流通渠道发展很快，生鲜农产品也已成为超市聚客和提高利润水平的主要方面。现代市场营销通过超市连锁形式，可以借助总部强大的采购、管理、品牌、服务等优势，将零散性强的商业资源重新整合。例如，沃尔玛、家乐福等国际零售巨头在与农民、农业合作组织、农产品基地的合作方面均有丰富的经验，有效地促进了生鲜农产品的流通。

4. 农产品营销中介组织在农产品流通和促进农业产业化方面起着重要作用

个体户、专业组织、联合体这些农产品购销主体不断发展壮大。农产品营销中有了农产品营销中介组织的加入，小规模生产和大市场得到更好的对接，改变了过去农产品产销脱节的不良局面，有效缓解了农产品销售过程中的部分问题。农产品营销中介的出现带动了上游生产基地的发展，同时也带动农民走向市场，帮助农民致富，对地区的农业发展和建设起到了积极作用。

5. 农产品营销模式多样化

为了适应当前经济形势的多样化发展，农产品在营销模式上逐步呈现多样化，这些模式包括农产品绿色营销、农产品网络营销、农产品品牌营销、农产品文化营销、农产品国际营销。农产品营销模式的多样化发展有力地促进了农产品的健康、有序销售，提高了农产品营销效率，还提高了农民生活水平，更进一步满足了各种顾客不同的消费需求。

大理州为促进农民增收，积极拓宽营销渠道。一是进一步加强农业招商引资和对外合作交流，组织农业企业、专业合作社等经营主体赴上海、昆明等地区开展农产品展销对接和推介活动，在2018浦东新区第十届农产品博览会上大理的11个农产品走红上海，在2019上海举办的全国优质农产品博览会上扩大了以核桃为主的优势林产品影响力，大理特色生态农产品的市场占有率、品牌影响力和美誉度得到不断提升。二是倾力打造"天天三月街—大理名特优产品大型综合集市"，以线上+线下综合营销的方式建立"三月街"实体品牌街区及"掌上三月街"大型名特优购物平台，向来大理旅游的游客展销名特优产品，提高农产品的知名度。三是积极探索发展农村电子商务，借助互联网优势，促进农产品的上行。

三、农产品市场营销存在的问题

从我国农业生产实际情况来看，当前农产品营销存在五个方面的主要问题。

(一)农民普遍缺乏营销观念,获取的农产品市场信息有限

现阶段,我国农业的主要经营方式是小农户家庭经营,存在小农户家庭生产经营与大市场、大流通不相适应的矛盾,单个农户、小规模农产品组织获取市场信息能力弱,缺乏市场需求调查研究数据。大多数农民只是靠电视、听广播,或看看左邻右舍种什么,自己就种什么;今年什么东西好卖,明年就种植什么,致使农产品销路不畅,形成结构性供过于求现象,结果造成多了烂、少了抢的局面。

(二)农业生产合作化程度低,产品问题突出

目前,各地区农产品生产普遍存在着各种问题,例如,品种单一、大路货多、名优产品比例低;产品就地加工消化比例低,精深加工不足;农产品的标准化生产和质量安全体系建设落后,标准化程度低,产品质量差异大,同时,在农产品生产、加工、流通、质量检验、标识管理等各个环节,缺乏一套严格而完整的标准和市场准入监管制度;产品质量不稳定,水污染、空气污染、农药残留对产品品质影响大;品牌塑造、管理和推广力度不够,许多地区注重的是品牌塑造或推广,不重视品牌管理和维护,导致假冒品牌泛滥,品牌价值下降。

(三)农产品产销的季节性矛盾突出

与工业生产不同,农产品通常按季节生产,全年销售;易变质腐烂,储存条件要求高。农产品产销的季节性不平衡矛盾成为影响农产品营销的主要因素,解决这一矛盾的关键是做好农产品储藏工作。我国农产品单个经营者实力小、产量低,绝大多数生产者没有能力建造仓库储存产品,从而造成农产品收获后集中上市,销售渠道稍有不畅,就会造成产品积压,甚至变质腐烂,进而影响农民增收和农业生产的稳定。

(四)农产品营销服务体系建设落后

我国农业生产产业化水平和商品化程度较低,营销服务体系发展落后,农产品营销主要依赖于各级各类农贸市场,现有的农产品专业营销机构规模小,市场覆盖范围有限,难以满足农业产业化发展的需要。农村市场体系商业网点布局不合理,大型农贸市场主要集中于县城;农村农产品集贸市场规模小,设施简陋,服务功能单一,商品信息网络不健全,交易方式落后;绝大多数市场缺乏贮藏保鲜和产品质量检测等设施,市场服务停留在摊位出租、环境卫生和市场治安等基本项目上,不仅不能满足和适应农业产业化发展的要求,还直接影响了农产品营销的发展。

（五）销售渠道长、环节多、效率低、成本高

农产品经营分散，大多数农户进行自产自销。有的农户通过县、乡（镇）农贸市场直接面对消费者进行交易；有的农户经过多层农产品销售的中间商，实现农产品转移，并将农产品推向各级批发市场、零售市场。缺乏规范有序的销售渠道给了中间商较大的投机空间，不但延长了从生产者到消费者的时间，而且增加了成本，效率大打折扣。受益方只有中间商，高成本被转移给农产品消费者的同时，农户也没有取得高收入。

四、"互联网+"下的农产品营销

面对农民营销观念滞后，市场信息不通畅，销售渠道长、环节多、效率低、成本高等诸多问题，国家也在不断出台各种政策推动农产品流通，促进农民增收。2015年3月5日，李克强总理在第十二届全国人民代表大会第三次会议开幕会上提出制定"互联网+"行动计划。互联网除在第二、三产业发展成熟外，也日渐与第一产业融合。2018年国务院出台实施"互联网+"农产品出村工程，在国务院政策例行吹风会上，农业农村部副部长屈冬玉表示："互联网+"可以有很多，在加农业农村方面还有很多不同的事项，但当务之急是互联网+农产品营销，即农产品出村。"互联网+"农产品营销已成为解决农产品滞销，提高农民收入的重要途径，对乡村振兴战略具有重要意义。

（一）农产品电子商务概述

1. 农产品电子商务的概念

农产品电子商务是指通过电子商务路径，把大量的农产品通过网络销售出去，其经营主体可能是普通农民，也可能是企业或者合作社等；其经营的农产品可能是没有加工的原产品，也可能是简单的初加工品，还可能是食品。

2. 农产品电子商务的作用

（1）减少流通环节，降低流通成本。传统的农产品流通供应链较长，环节过多，导致农产品在存储、运输、加工和销售环节中的成本过高，利益被中间环节截留，农民增产不增收。通过电子商务平台，生产者直接和消费者交流，减少了中间环节，降低了流通成本。

（2）降低生产和交易风险，增加农民收入。农民在市场交易中处于弱势地位，既面临自然风险又面临巨大的市场风险。农产品电子商务把农民、供应商以及批发商与零售终端、客户连接起来，实现对农产品物流各个环节的实时跟踪、有效控制和全程管理，从而达到资源共享，有效避免因信息不通畅而导致的农产品结构性、季节性和区域性过剩。

（3）促进产业结构调整，提高农产品竞争力。网上交易公开、公平、透明，成交价格真实地反映了市场中的供求状况，以此引导广大农户科学安排生产，以销定产，减少了生产的盲目性。同时生产监管机构、检疫机构、市场监管机构可以通过信息平台对农产品的生产加工、市场准入、质量安全直接监管。消费者可以在信息平台上查询购买的农产品的质量安全情况，追溯产地，从而保证消费者权益，有利于农产品品牌的创建和保护。

（4）扩大农产品市场，加快农产品流通速度。传统农产品交易以批发市场和集市贸易为主，网上交易平台的建立突破了时间和空间的限制，使交易主体多元化。网络的无界限决定了只要有网络就可能存在农产品的需求市场。农户以及农产品企业可以通过网络迅速找到合适的贸易伙伴，加快农产品流通速度。

3. 农产品电子商务的模式

（1）B2B（Business to Business），即商家到商家模式。该模式是商家到农户或一级批发市场集中采购农产品然后分发配送给中小农产品经销商的行为。这种模式主要是为中小农产品批发或零售商提供便利，节省其采购和运输成本。

（2）B2C（Business to Consumer），即商家到消费者的模式。它是经纪人、批发商、零售商通过网上平台卖农产品给消费者或专业的垂直电商直接到农户手里采购，然后卖给消费者的行为。

（3）F2C（Factory to Customer），即农产品直销模式，即农产品直接由农户通过网上平台卖给消费者的行为。

（4）O2O（Online to Offline），即线上线下结合模式，是指线上营销线上购买带动线下经营和线下消费。O2O 通过打折、提供信息、服务预订等方式，把线下商店的消息推送给互联网用户，从而将他们转换为自己的线下客户，这就特别适合必须到店消费的商品和服务，比如餐饮、健身、看电影和演出、美容美发、摄影等。

（二）农产品电子商务发展现状

1. 农产品网络销售规模快速增长

当前，电子商务已成为农产品经营流通中不可或缺的重要途径，全国各地都在纷纷发展农村电子商务，农产品网络销售规模呈现出良好的发展态势。大理州抢抓互联网发展机遇，立足产业优势，积极探索发展农村电子商务。随着农村电子商务的不断发展，大理州农产品的线上销售额逐年增加。如图 4-1 所示，2015 年大理州农产品电子商务销售额达 4.5 亿元；2016 年全州农产品电子商务销售额达 10.19 亿元，增长 126.4%；2017 年全州农产品电子商务销售额达 12.29 亿元，增长 20.6%；2018 年全州农产品电子商务销售额达 14.1 亿元，增长 15%。其中 2018 年农产品网络零售额达 2.58 亿元，主要以茶饮、草药、水果、坚果类为主。大理州 2018 年各类农产品的网络零售额如图 4-2，黑茶、核桃、皂角米、玫瑰、大蒜、红豆、薏米、咖啡豆等都是较为热销的农产品。

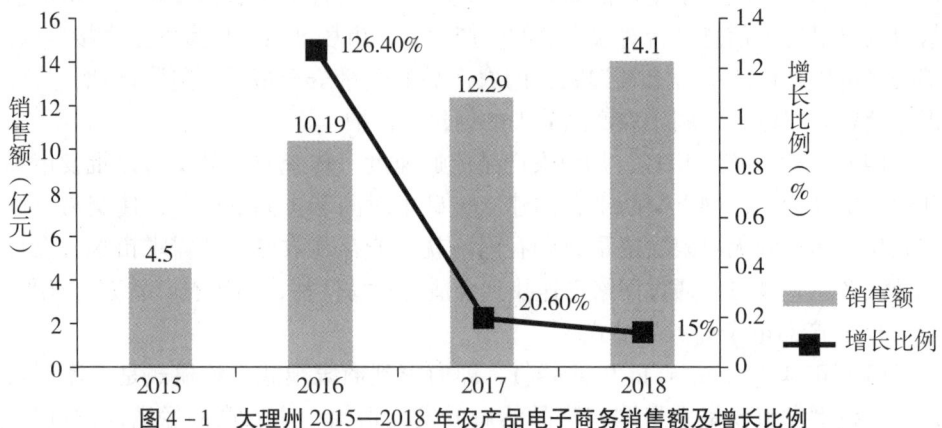

图4-1 大理州2015—2018年农产品电子商务销售额及增长比例

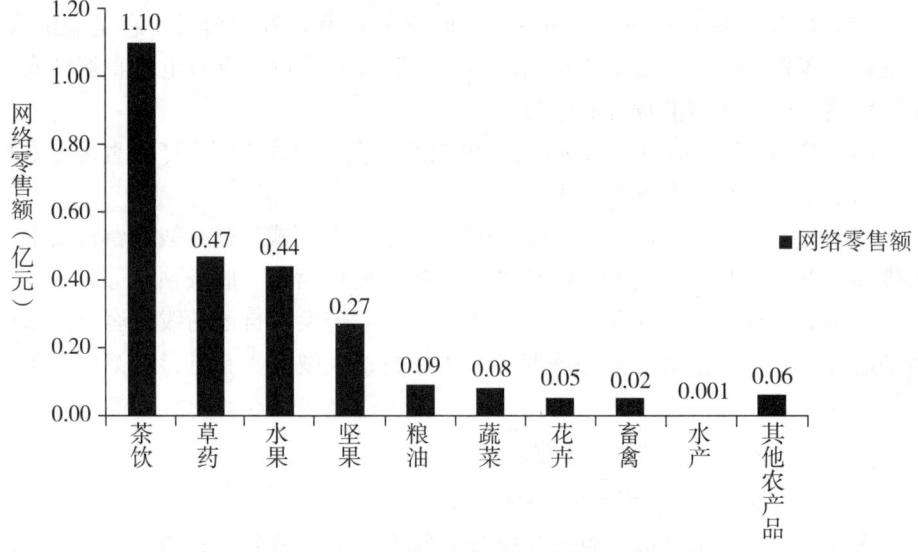

图2 2018年1—12月大理农产品分行业网络零售额

2. 农产品线上营销模式不断创新

随着农产品电子商务的发展，营销模式也在不断创新。农产品线上营销模式主要有以各平台上的商家店铺、旗舰店以及微商为代表的平台+网店模式，以京东自营为代表的平台+自营模式，以三只松鼠、百草味等为代表的平台+品牌营销模式，以及农产品+网红直播+电商平台模式和电商扶贫模式等。

3. 扶持政策体系不断完备

自2014年起，中央一号文件连续四年均明确提出发展农村电子商务，2017

年的中央一号文件更是专设一节,从更高层次、更广视角关注农村电子商务。在2018年财政部、商务部、国务院扶贫办等部门联合发文的《关于国家电子商务进农村综合示范县》及中央一号文件《中共中央国务院关于实施乡村振兴战略的意见》明确要求把农产品电子商务作为政策扶持的重点。大理州继后制定出台《大理州2017年度电子商务进农村综合示范工作方案》《大理白族自治州人民政府办公室关于整体推进全州农村电商发展的实施意见》等扶持电商的各项政策,以整合资源为着力点,实现电子商务进农村,综合示范项目覆盖11个县,农产品电子商务运营平台不断得到完善的目标。

4. 各大电商平台纷纷抢占农产品市场

阿里巴巴的"千县万村"计划、京东的"星火燎原"、苏宁的"乡村易购"、邮政的"邮掌柜"、联想的"云农场"等纷纷抢占农产品市场。以淘宝、天猫、京东商城为代表的综合型电商平台,开设专门频道,成立运营团队来发展农产品电子商务。同时出现了一大批垂直型专业电商平台,如顺丰优选、本来生活、我买网、沱沱工社、易果生鲜等,扩大服务城市,做出自身特色。电商的参与使得发展农产品电子商务的资本、流量、供应链、物流、生态圈等得到了改善,促进了农产品的上行。

【案例链接】

随着城市资源的饱和,尚未完全开发的农村成为各大电商抢占的风水宝地。2014年10月,阿里巴巴集团在首届浙江县域电子商务峰会上宣布启动"千县万"计划,该项目计划在三至五年内投资100亿元,建立1000个县级运营中心和10万个村级服务站。2015年,宾川县启动阿里巴巴农村电子商务"千县万村"试点县建设农村淘宝项目,成为阿里巴巴农村淘宝项目云南首个试点县。农村淘宝可以用"五个一"来概括:一个村庄中心点、一条专用网线、一台电脑、一个超大屏幕、一帮经过培训的技术人员。截至2019年,宾川县共建立县级综合服务平台电子商务示范点1个、农村淘宝村级服务站90个,通过该平台向外销售当地时令水果和山货,石榴、葡萄、柑橘、冰糖心水果、紫皮大蒜等本地农产品都得以在网上走俏。同时宾川县积极打造鲜食水果区域公用品牌"宾果儿",提升宾川水果的影响力;积极探索农村电子商务发展模式,创建"电商协会+龙头企业+贫困户""党支部+合作社+电子""商务+扶贫"等模式,助力脱贫攻坚。农村电子商务的发展,突破信息和物流的瓶颈,解决农村买卖难问题,实现"网货下乡"和"农产品进城"的双向流通功能。

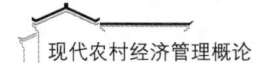

(三) 农产品电子商务发展的瓶颈

随着国家对农村电子商务的高度重视及各大电商巨头的纷纷涌入，农村电子商务得到了空前的发展，有效促进了"工业品下乡"和"农产品进城"的双向流通。但因农产品具有自然属性等特点，农村电子商务在实际发展中并没有想象中那么好，仍存在一些发展瓶颈。

1. 农村电商人才短缺

人才的缺失主要体现在两个方面：其一，电子商务领域专业人才缺失，在发展农村电商时找不到专业的人员，既缺乏包括店铺装修、摄影、图片处理方面的技术人员，也缺乏熟悉产品生产、质量管理、网络营销、客户维护等方面的专业人才；其二，管理人才匮乏，推动农村电商发展首先要得到政府的支持，企业也要参与其中，但是在这方面的管理人才素质还未达到要求。

2. 标准化程度低，品牌营销不足

目前，大理州农产品生产总体上仍处于一家一户的生产模式，生产规模小、生产个体多，缺乏生产标准化应有的规模基础和大规模生产规范化管理整齐划一的必要条件，农产品质量参差不齐，品质低。另外，大理州生产的农产品多为初级加工品，加工转化增值能力较弱，附加值较低；许多农户或企业品牌意识较为模糊，把商标与品牌等同起来，认为农产品只要有了商标就是有了品牌，对品牌创建缺少合作参与竞争的意识。

3. 物流体系不完善，成本居高不下

大部分农村地处偏远地区，基础设施不完善，交通不便。另外，农产品是人们每天的消费品，但难以保存，因人们单次采购量少，物流配送成本问题十分突出。

4. 电商企业发展后劲不足

电子商务是一个复杂的生态体系，需要有电子商务服务、物流支付、产业配套的支撑。农产品通过网上销售从农户手中到消费者手中需要一系列的过程，农户本身无法完成这一网上销售，需依靠各类电商企业抱团发展，协调完成。目前电商企业大多处于初级业态，规模集聚效应未能突显，难以解决资源、技术、人才、产品、政策保障等方面的困难，企业难以发展壮大。电商从业人员少、素质不高、网店数量少、销量小，无法满足农特产品线上销售需求。

(四) 加快农产品电子商务发展的建议

1. 强化政府指导

从很多地区的农村电子商务发展情况来看，许多都有政府的推动作用，特别是在落后的西部地区，政府的作用更为明显。无论是基础设施、电商服务体系的建设还是人才的培养等一系列的项目都需要政府的推动。因此政府应进一

步明确发展方向，提出明晰的战略目标，并进一步出台政策、投入资金，加强基础设施建设，营造良好的电商环境。

2. 培养电商人才

目前农村电子商务发展的硬件环境已初步形成，但缺乏人才却成了发展的主要障碍，无论是战略型、综合型管理人才还是实践操作型人才都比较缺乏，尤其是应用型人才，因此政府和企业要真正重视起来，进行多渠道、多层次的培育。一是提高行政管理干部应用农村电子商务的能力。二是培育本地化人才队伍。在农村电子商务发展初期，难以吸引到外来优秀人才，当务之急就是培育一支当地的农村电商人才队伍。退伍军人、大学生村干部、返乡青年、农村创业青年等新农人应作为重点培养对象。三是加强校企合作。可以通过高职院校和企业的合作培养，学校根据企业的要求培养学生，这样就可以培养出满足农村电商要求的专业人才。

3. 突出品牌优势

在农产品竞争日趋激烈的今天，提升农产品知名度和影响力，获得消费者认可，具有深远意义。首先，政府要积极主动地打造品牌，利用自身的优势为农产品注册商标，通过商标来保护本地农产品的质量和价值。其次，要严格把控当地农产品进入市场的准入关，不符合要求的产品不能市场的准入关，对进入市场的产品要进行认证。企业和农民在农产品市场中要遵守国家法律法规，依据国家标准来进行生产，提高农产品质量，做到生产有记录、流向可追踪、质量可溯源。总之政府、企业、合作社等多方应联动，协同作战，从农产品的安全质量、附加值、运营推广等多方面入手。

4. 完善物流体系

当前物流体系的不完善制约着农村电子商务的发展，建立完善的物流体系成为当务之急。

第一，加强物流基础设施建设，尤其是冷链物流建设，应着力建立和完善县、乡、村三级物流配送体系，同时有效整合区域内物流配送资源，建设具有综合服务功能的物流园区，满足农产品流通加工、配送的需要。

第二，完善农村物流公共信息平台，构建乡村末端物流线路共享系统，与县级物流管理体系形成数据共享，努力提升农村物流服务时效，降低物流成本。

第三，大力发展第三方物流企业。第三方物流企业的配送速度以及物流服务都较为成熟，有着更明显的优势，通过第三方物流企业将县乡村三级物流网络资源加以整合利用，要把农产品集中处理，通过配送中心分散给下面的各个企业，这样一来时间成本和资金成本就会降低许多，打通农产品进入消费环节的"最后一公里"。

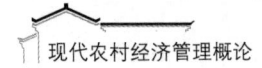

5. 发展电商企业

企业是农村电子商务发展的主体，要培育壮大电商企业：第一，要打造好农村电商生态，形成资源共享，以资源聚集带动人才聚集，吸引电商企业入驻；第二，通过政策扶持及资金奖励，对综合经营规模大、经营模式新和发展潜力大的电商企业进行示范创建，重点培育，打造一批电商明星企业；第三，可引入较成熟的电商企业，以成熟的管理体系和前沿的思维带动本地电商企业发展，形成大小结合、内外相济的竞争格局，共同促进大理农村电子商务的发展；第四，打造协会合作平台，大理州应加大力度建设青年网上创业联盟、网商协会等组织平台，制定对全体会员具有普遍约束力的行业自律公约，通过协会平台强化电商企业抱团发展，避免区域内同质化竞争和恶性竞争。

【案例链接】

洱源"紫玉萝"打造电商扶贫新模式

洱源县三营镇东火山村具有悠久的紫胡萝卜种植历史，为帮助群众增收致富，经过调研，洱源县凤宝农业开发有限公司把紫胡萝卜产业作为东火山村的主要产业扶持项目。据了解，截至2019年，种植面积达到200亩，参与种植农户人数达200余人。

紫胡萝卜有滋补"小人参"的美誉，能够提高人体免疫力，它不仅比普通萝卜颜值高，而且含有丰富的抗氧化天然花青素，可舒缓眼疲劳。在2016年以前，三营镇东火山村种植的紫胡萝卜虽然品质好，但由于地理位置偏远，销售价格却一直在一块钱左右浮动，农户收益很低。

2016年，赵敏创建了"紫玉萝——云南高原紫胡萝卜"这个品牌，并利用线上+线下的模式让紫玉萝打开了销路，帮助农户精准脱贫。赵敏告诉记者，偶然的一个机会让自己有了创建紫玉萝品牌的念头。当时有外省朋友在朋友圈问哪里能买紫萝卜，赵敏回复说她这边有，结果当天就销售了300多斤。后来赵敏转念一想，也许可以往紫萝卜的销售这方面发展，于是到三营镇以及苤碧湖镇等地实地考察，跟农户进行交流。在交流过程中发现很多农户都是建档立卡户，"作为本地人，应该做点什么"，赵敏当时更加坚定了创建"紫玉萝——云南高原紫胡萝卜"品牌并通过电商打开销路帮助农户脱贫的想法。

2017年12月，"紫玉萝——云南高原紫胡萝卜"一经亮相成都

A20新农业盛典，便与国内一些知名宅配生鲜公司达成合作，同时来自上海、广州、北京等地的客商纷纷订货。2018年，公司招募了100个微商团队进行线上销售，同时在华东、华中、华南、华北建立了4个线下销售代理商。

紫萝卜对于土壤和海拔有较高的要求。首先土壤必须是红土壤，其次海拔需在2400米至2800米之间。洱源县三营镇东火山村满足了这些种植条件，种植出来的紫萝卜口感甜脆。为鼓励农户种植，凤宝农业开发有限公司与农户签订收购协议，采用"公司+基地+农户"的方式，以销定产，并以每公斤4元钱的价格进行收购。2017年"双十一"，每天有上千单紫胡萝卜在线上平台上进行销售，"双十一"前三天直接与深圳客户对接订单25吨，连夜打包装车运出去。2017年，"紫玉萝——云南高原紫胡萝卜"线上线下总销量达200吨，为大约200户农户带来80万的收益。

"高原特色的农产品，都可以通过电子商务进农村进行品牌打造、推广、销售。"凤宝农业开发有限公司董事长陈子壁表示。电子商务使农产品在市场当中有更大的竞争力，更大的议价空间，让广大农户真正享受到电子商务进农村的成效。据了解，紫玉萝一亩产量在1.5~2吨，每亩产值在6000~8000元之间。种植紫玉萝对农户来讲不是难事，难的是销路。"现在好了，不用担心卖不出去。"种植户廖登华表示。在此之前，大部分农户都是种植小米辣、玉米、马铃薯等农作物，每亩产值仅在1000元左右，收益远远低于种植紫玉萝。

下一步，公司将根据2018年的销售情况，逐步开展高原水果的标准化种植，2019年可以包销所有达到标准化的产品，真正体现电商扶贫和电商促进产业的作用。我们将针对生鲜这个特殊商品的包装、储存、运输等特性，按照电子商务进农村的要求，逐步摸索出一套整个后期销售服务体系，比如建设公共仓储、统一包装线及分拣线等，为高原特色农产品更好更快地走出大山、走向市场创造更好的服务链。

（云视网，http：//www.yntv.cn/content/2018/07/341_510874.html，2018-07-28）

第二节　现代农产品物流概述

物流作为一个新兴的产业，已经进入全面快速发展阶段。我国作为一个农业大国,在经济全球化发展,以及国家的高度重视与支持下,农产品物流得到了迅猛的发展。构建和谐社会主义新农村是我国现代化建设进程中的重大历史任务,而攻克农产品物流难题是调整农业产业结构、促进农民增收、推进社会主义新农村建设的关键。农产品物流作为现代物流的重要组成部分,在国民经济发展中具有举足轻重的作用。从某种意义上讲,当前影响我国农业发展的瓶颈正从生产领域逐渐转入流通领域,农业发展的焦点已经从生产环节转向了流通环节。因此,发展农产品物流是建设社会主义新农村的重要推动力,是实现农业生产资料流转和农产品流通的必要手段,是我国由农业大国走向农业强国的必经之路。大力发展农产品物流,对于打通农产品流通的"最后一公里",提升农村一、二、三产业融合发展水平,助力乡村振兴战略有着非常重要的意义。

一、现代农产品物流

(一) 现代农产品物流的含义

现代农产品物流是指应用现代技术手段、现代管理方法将农产品从供给者送至需求者及相关信息有效流动的全过程。它将运输、仓储、装卸、搬运、流通加工、包装、配送、信息等方面有机结合,形成完整的供应链,为用户提供多功能、一体化的综合性服务。现代农产品物流是以现代运输业为核心、以信息技术为支撑、以现代制造业和商业为基础,集系统化、信息化、仓储现代化为一体的综合性产业。因而它的发展,必将对增强企业发展后劲、优化产业结构、提高经济运行质量起到巨大的促进作用。

(二) 现代农产品物流的特点

1. 现代农产品物流的系统化

物流系统化是对物流系统进行系统整合、系统分析和系统管理等的一系列过程。具体来说,就是将运输、流通加工、装卸、搬运、储存、包装、配送、物流信息等物流环节,进行整体设计和管理,以最优的结构、最佳的组合,充分发挥其系统功能作用,实现整个物流合理化。物流合理化不仅有利于降低物流成本,实现"第三利润源",而且可以提高物流效率,实现资源的最佳配置。而物流系统化又是物流合理化的重要前提。因此,注重系统化发展成为现代农产品物流飞速发展的重要前提。

2. 现代农产品物流的多元化

现代农产品物流的多元化主要是指物流主体的多元化。农产品物流主体是发展现代农业的一个重要载体,是农产品物流价值和附加价值的参与者和主导者。随着市场经济的发展和物流行业机制的完备,农产品物流主体越发呈现出多元化的特点，例如，行业监管主体多元化、产品产销主体多元化、服务供给主体多元化、消费需求主体多元化等。

3. 现代农产品物流的信息化

信息化是现代物流的基本特征，是现代物流发展的基础，是物流业蓬勃发展的助推器。信息技术特别是计算机技术、电子数据交换技术及互联网的广泛应用对物流业的发展起到了巨大的推动作用。农产品物流信息化，能够有效提高农产品市场的流通效率，保证农业农产品信息畅通，有利于实现市场供需平衡，促进农业生产要素的合理流动，也有利于降低农产品交易成本，促进农产品的商品流通。

4. 现代农产品物流的标准化

物流标准化是为物流活动制定统一标准并实施的整个过程。它是以系统为出发点，研究各分系统与分领域中技术标准与工作标准的配合性要求，统一整个物流系统的标准，研究物流系统与其他相关系统的配合性，进一步谋求物流大系统的标准统一。物流标准化是物流现代化的基础和必要条件，是21世纪物流的发展趋势。而农产品物流标准化则是物流标准化的重要组成部分，是农产品物流发展的必经之路。

5. 现代农产品物流的自动化

物流自动化是指物流作业过程的设备和设施自动化，是充分利用各种机械和运输设备、计算机系统和综合作业协调等技术手段，通过对物流系统的整体规划及技术应用，使物流的相关作业和内容省力化、效率化、合理化，快速、精准、可靠地完成物流的过程。农产品物流的自动化是以信息化为基础，利用自动化技术使农产品在配送、分拣、装卸、搬运、识别、库存管理等作业过程中提高作业能力，减少差错率，提高劳动生产率。自动化技术在农产品物流中的使用，是农产品物流及其管理进入现代化的体现。

6. 现代农产品物流的社会化

物流社会化是社会分工进一步发展的结果，建立在物流专业化发展的基础上，是一个不断深入的市场化发展过程。物流社会化主要是指物流服务的社会化，物流服务的社会化和物流服务的专业化是互为前提、相互依赖的，只有物流服务的专业化，才能面向社会提供社会化的物流服务，而社会化物流服务又是专业化物流服务发展的必然结果。因而，"第三方物流"和"第四方物流"是物流社会化、专业化的发展趋势，是现代物流的表现形式。所以，社会化物流在现代农产品发展中势在必行。

（三）我国现代农产品物流发展现状分析

我国农产品物流的发展无论在理论上还是实践中均处于初级阶段，发展比较落后。目前我国农产品物流理论的研究主要是宏观层次的研究，属于理论研究的低级阶段。但是随着经济的发展，国家的重视与政策倾向，我国农产品物流得到飞速的发展，农产品物流体系逐步完善，形成了从生产、采购到流通加工、运输、装卸、搬运、储存、包装、配送、销售等一系列环节的整合，形成一个集合的供应链，为用户提供多功能、一体化的综合性服务。近年来，中国农产品物流总额呈逐年递增趋势，据前瞻产业研究院发布的《中国农产品冷链物流行业市场前瞻与投资战略规划分析报告》统计数据，2012年中国农产品物流总额达到3.03万亿元，到了2017年中国农产物物流总额增长至3.7万亿元，同比增长2.78%。截至2018年底中国农产品物流总额达到3.9万亿元，增长3.5%，增速比上年同期回落0.4个百分点。2013—2018年农产品物流总额及其在全社会物流总额中占比如图4-3所示。

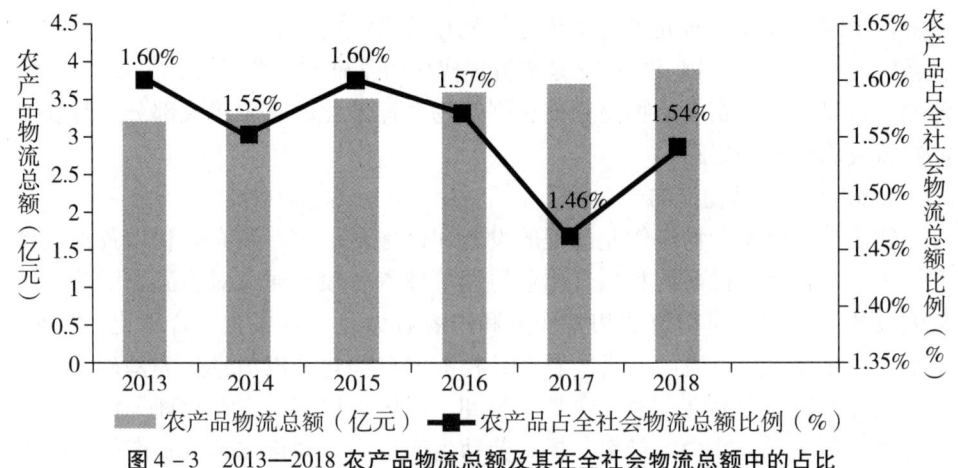

图4-3 2013—2018农产品物流总额及其在全社会物流总额中的占比

我国现代农产品物流的发展也面对着许多挑战。例如，众多的参与个体组织规模小、层次低、离散性强、联合性差，组织化程度低；虽然农产品物流主体向多元化方向发展，农产品交易方式也向多元化方向发展，但农产品物流信息体系才初步建立；农产品批发市场和农产品流通中心发展较快，但市场交易法规建设薄弱，交易规范化程度有待提高。因此，我国现代农产品物流建设与发展仍然任重而道远。

（四）我国现代农产品物流存在的问题

1. 物流技术落后，物流过程损耗严重

农产品的生物性能（含水量高、保鲜期短、极易腐烂变质等）对运输效率和保鲜条件提出了很高的要求。目前，我国农产品物流是以常温物流或自然物流形式为主，现代化冷链物流体系尚未完善，农产品在物流过程中损失很大。有数据表明，我国由于冷链系统不完善造成每年约有1200万吨水果和1.3亿吨蔬菜的浪费，总价值至少为100亿美元；冷链应用率不到20%，人均冷库容量仅为0.05立方米，冷藏保温车占货运汽车的比例仅为0.3%，与发达国家的冷链系统差距较大；现有冷冻冷藏设施普遍陈旧老化，国有冷库中近一半已使用30年以上；区域分布不平衡，中部农牧业主产区和西部特色农业地区冷库严重短缺，承担全国70%以上生鲜农产品批发交易功能的大型农产品批发市场、区域性农产品配送中心等关键物流节点缺少冷冻冷藏设施。中国与世界其他国家冷链应用率对比图如图4-4所示。

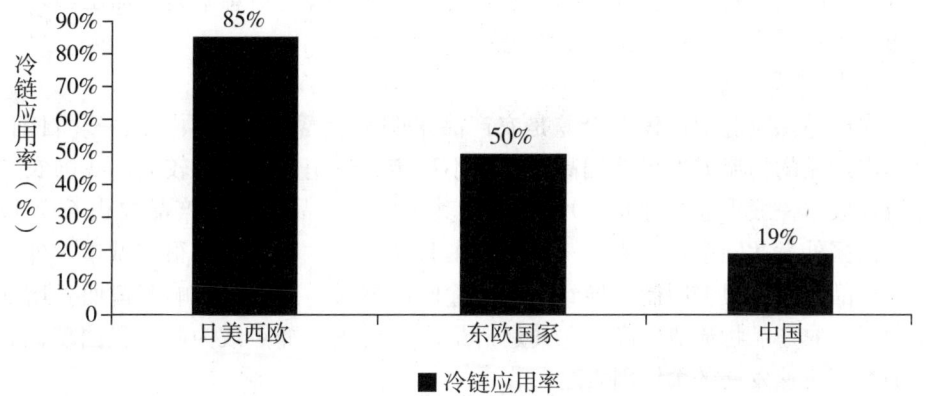

图4-4　中国与世界其他国家冷链应用率对比

2. 流通渠道比较单一

农产品的大宗物流一般都会经过这样几个主要环节：生产者—产地市场—运销批发商—销地市场—零售商—消费者，由于农产品中未经加工的鲜销产品占了绝大部分，而这样多环节的流通链条，无论是时间和流通效率，还是现有的保鲜手段都无法适应农产品的鲜销形式，因此相当一部分新鲜产品由于运价、运力、交通基础状况和产品保鲜技术原因而损失巨大。当农产品集中上市时，因物流不畅、加工能力不足、产销脱节严重，损耗情况更为突出。

3. 物流投资不够

一直以来，我国在农业增产上的投入是很大的，但保鲜技术和物流等后续农产品处理加工方面相对来说却明显投入不足。从农业产业链的整体来看，如果能够更多地关注生产、流通、加工一条龙的产业链经营，开发采用保鲜技术使果蔬损耗率减少一半，就意味着我国每年增产水果500多万吨，蔬菜3000多万吨。美国农业目前的生产环节投入比例为30%，产后投入比例为70%；人员方面也是生产环节的人少，采后加工服务的人多。美国水果经过采后储藏加工，增值比例为1:3.8，我国是1:1.8，原因在于我国的农产品绝大多数是在产地以原始产品（采摘后的初级状态）的形式销售，而农产品附加值的真正实现是在非产地上，所以我国农产品鲜销的方式限制了农产品的增值。

4. 体系不健全

农产品物流流体的流向和流程，以及由此而产生的效率和效益与农业物流的信息体系密切相关，而现在农业物流信息系统所能提供的信息品种和质量都不能满足需要，缺乏有效的信息导向，农产品物流的流向带有盲目性，流程不合理，这是导致在途损失严重、影响农产品保值增值的重要原因。长期以来，农民对市场供求信息的获取渠道单一，手段缺乏，赶不上市场变化，信息滞后失真现象严重，要改变这种状况，迫切需要建立完善的信息采集、加工整理和发布体系，需要建立一体化、系统化的物流体系。

5. 物流成本过高

农产品供应链中产销结合差是农产品采购和经营的"瓶颈"之一。目前，我国农产品的物流成本仍然偏高，且很不稳定，运销成本波动较大。我国农产品流通成本一般占总成本的40%左右，其中鲜活产品及果蔬产品要占60%以上，而国外发达国家物流成本一般控制在10%左右。同时我国很多城市对外来的农产品车辆有很多限制，导致运输在途时间变长，这不仅影响销售而且增加了损耗。农产品物流成本高，尤其是"最后一公里"痛点成为制约我国现代农产品物流飞速发展的关键因素之一。

6. 缺乏专业管理人才

在水果、蔬菜等生鲜农产品流通过程中，要求管理人员能够对农产品流通过程进行合理规定、设计、管理和有效控制以及成本核算，降低各环节成本费用，减少不必要的损耗，有效地增加农产品流通附加值等。这就要求管理人员应该是一名具备现代物流知识的专业人才，能够运用自身具备的专业知识和一定的时间经验来解决工作中的现实问题。但目前我国农产品物流发展水平较为落后，缺少专业的管理人员，尤其在传统观念中认为与农业打交道是一个不好的工作，这样的观念意识严重阻碍了农产品物流的进一步发展。

（五）大理现代农产品物流发展现状及问题分析

1. 大理物流发展现状

大理是云南省承东启西、连南接北的重要交通枢纽和物资集散地，是云南西出缅甸、北上川藏的重要交通中心，还是我国连接东南亚国际大通道的重要节点。大理位于泛亚铁路、公路西线和中线的交汇处，是澜沧江—湄公河次区域的经济发展轴线的重要组成部分。其独特的区位优势为大理州发展物流业、在区域经济合作中增强自身的竞争力创造了良好的条件。大理根据滇西中心城市和滇西物流枢纽的定位，已结合自身的产业发展规划和地理区位优势制定了一些物流节点的建设规划。其中，结合凤仪镇作为大理铁路、高速公路交汇点的交通优势，依托铁路线在凤仪镇建设滇西最大的铁路编组站，并在凤仪规划建设大理物流枢纽园区，以实现铁路—公路物流的快速转换。随着云南省推进面向南亚东、东南亚辐射中心的建设，滇西地区交通条件得到极大的改善，区域经济一体化的步伐不断加快，极大地加速了大理乃至整个云南省物流业的发展。

【案例链接】

大理州以农业产业化发展助力乡村振兴

党的十九大以来，大理州以促进农业增效、农民持续增收为目标，多举措加快推进农业产业化进程，农产品得到飞速发展，为乡村振兴发展夯实产业基础。农业产业化发展方面，完成了各县市的优势农产品区域布局规划，初步形成了11个农业产业化基地，核桃、梅果、奶牛等优势产业带动作用明显增强。全州在稳定粮食生产，确保粮食安全的基础上，建成烟草、核桃、蔬菜、特色水果、中药材、高山生态茶、薯类、蚕桑、特色花卉等特色产业基地1388.4万亩，存栏生猪345.79万头、肉牛107.13万头、肉羊175.8万只，出栏家禽2614.64万羽。畜牧业生产持续发展，肉、蛋、奶产量达29.44万吨、1.9万吨、14.74万吨，分别增长4.7%、11.7%和24.9%。永平、云龙、漾濞三县成为百万亩以上的核桃产业基地，宾川县建成30万亩优质水果基地，弥渡、祥云两县成为云南省主要的外销和出口蔬菜基地。淡水渔业水产养殖面积达16.2万亩，休闲农业经营主体达1551个，营业总收入25.87亿元。核桃、水果产值和肉、奶、蛋人均占有量居全省第一。2017年，全州州级以上农业产业化龙头企业达221户，其中国家级4户、省级82户、州级135户，年产值超亿元的企业35户，规模以上企业达122户；认定现代农业庄园49个，农民合作社总数5805个，认定家庭农场1332个，休闲农业经营主体达1551个。2013年至2017年，全州共签约208个农业招商引资项目，协议总投资244.3亿元，累计到位资金126.35亿元，江西正邦、云南神农、广东温氏、广西皇氏等实力企业纷纷入驻大理。2017年全州农产品出口欧美、东南亚等27个国家和地区，出口额达1.92亿美元，占全州总出口额的

71.64%。建立健全了"州、县、乡、市场（企业）"四级农产品监管、监测和执法体系，农产品检测实现全覆盖，农产品抽检合格率保持在98%以上；建成农业标准化示范区11个、菜果和茶标准园15个；宾川县建成国家级农产品安全示范区，剑川县、弥渡县建成省级示范区；全州认证"三品一标"农产品392个；9个村镇被列为全国"一村一品"示范村镇。以"基层党建＋互联网"为载体，构建的高原特色农产品和农资线上线下融合、"进城"与"下乡"双向流通新格局基本形成。

（来源：《大理日报》，2018年8月24日）

2. 大理现代农产品物流发展现状及存在问题

基于大理农产品产量大幅增加和物流业的飞速发展，大理农产品物流也加快了规模化发展，农产品物流体系逐步完善，形成了从生产、收购、流通、加工、运输、储存、装卸、搬运、包装、配送到销售的一整套组织环节。但是大理农产品物流起步晚、基础差、基础设施不完善，缺乏物流相关技术，物流成本高，物流信息滞后，缺乏专业物流人才。

（1）农产品物流业发展时间短、物流企业规模小。大理农产品虽得到飞速发展，但是真正开始重视农产品的时间还不长，虽然目前大理有工商登记的传统仓储、运输及邮政企业近几百余户，但企业规模普遍较小，业务分散、单一，很难实现规模化运营。

（2）经营方式单一，专业化程度低。由于规模小，专业化、信息化程度低，大理的绝大多数物流企业还停留在粗放式经营状态，经济效益不高，农产品物流企业就更甚。绝大多数农产品物流企业只能提供运输、仓储这样的最基本的服务，还不能提供能带来物流附加值的流通环节等的其他配套服务，物流服务专业化水平整体较低。

（3）农产品物流基础设施配套建设不足、物流园区建设滞后。虽然政府对大理农产品物流业发展有着很明确的规划，但由于底子薄、起步晚等，还缺少大批的现代物流设施，农产品物流成本高且运作效率不高，削减了物流企业的利润，限制了大理农产品物流企业壮大和外地有实力的农产品物流企业的进入。同时，物流园区、物流中心从建成到形成规模还需要很长的时间，现在大理作为西部物流枢纽的优势还难以很好地发挥。

（4）农产品物流企业种类有待建全。目前，大理的农产品物流企业基本上都是以运输、仓储、搬运、配送为主业的传统型物流企业，缺乏现代物流中的第三方物流企业和第四方物流企业这样的专业性非常强的农产品物流运营企业。大理农产品物流企业种类有待进一步丰富化、多样化、多元化。

（5）物流信息化水平较低。信息化是现代物流的基本特点之一，而大理农产品物流企业目前的信息化水平总体还比较低。多数企业还意识不到信息化对物流的影响，仅停留在常规的运输仓储和搬运等工作上。另一方面，由于农产品物流企业规模小，多数企业难以自己建立完善的物流信息系统，缺乏能统一使用的类似于公共信息平台之类的公共物流信息服务平台。

（6）缺乏专业的物流人才。虽然近几年培养专业物流人才的高校很多，但是高校物流专业毕业的毕业生一般都就业于规模大、有实力的企业，中小型的物流企业很难招到专业知识较强的专业物流人才，大理农产品物流企业就更缺乏专业物流人才。大多数的企业几乎没有既了解现代物流知识，又会经营、管理物流企业的专业人才，这些都严重制约了企业的发展壮大。

（7）大理区域经济发展还相对薄弱。虽然近年来大理社会经济发展较快，但由于受各种原因的制约，一直以来包含大理在内的滇西经济基础相对比较薄弱，所以大理乃至整个滇西的区域经济发展还没有形成很大的规模，其对物流的需求还很难带动物流产业的迅速发展。

3. 构建大理现代农产品物流产业发展对策

鉴于对大理农产品物流产业综合因素的分析，结合大理城市定位、交通地理位置和产业发展规划，以及云南省建成面向南亚东南亚辐射中心的战略定位，对大理未来现代农产品物流业发展提出以下对策：

（1）增强现代物流意识。通过教育、培训来增强农民的市场经济观念，增强农民的现代物流意识，切实转变单一运输经营的观念，彻底转变"小而全，大而全"和自货自运的经营模式。运用系统优化原理、最小总成本方法、供应链管理等物流方法来改善农产品流通方式，提高运作效率，降低成本，扩大企业规模，实现运营规模化、集约化、系统化，促进农民增收。

（2）扶持一批有基础、有条件的物流企业发展为龙头企业。对于一部分基础较好、条件较好的物流企业，政府、协会要加强指导、帮扶，通过对这部分企业的经营方式、范围、服务水平、专业化、信息化等进行调整能较快发展和壮大，逐步成为行业的龙头企业，带动整个行业转型升级。

（3）加大对农产品物流建设的投入，完善基础设施。一方面，对现有的落后陈旧设施进行有计划的更新换代，优化区域经济发展布局，进行配套的物流基础设施建设，以提高农产品物流产业的服务水平和效率；发展与改进各式农用运输车；加强各种农用仓库的建设；促进农产品加工配送中心建设；加强农产品物流基地、保鲜库、冷藏库等建设，完善公路、铁路、航空等交通运输

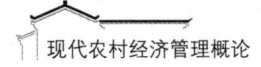

（4）健全农产品物流公司种类。除目前传统型的物流企业外，鼓励有条件的企业或团队和个人组建现代物流中转中心和第四方物流企业，以此来提升大理农产品物流产业的总体水平，提高大理农产品物流产业在滇西的影响力和竞争力。

（5）整合资源，构建公共物流信息平台。政府相关部门或物流协会应该建立大理农产品物流产业使用的公共的物流信息平台，自己建设物流信息系统的企业能通过公共物流信息平台来提高自身的物流服务水平，提高市场竞争力。

（6）加大教育，培养专业的物流人才。农产品物流的发展，人才是关键。有关部门应发挥组织作用，定期或不定期地组织物流业从业人员进行经营管理等相关知识的培训，提高从业人员的专业知识；与本地区的高等教育和职业教育机构共同办好物流类专业，培养物流类的专业人才，从根源上解决专业物流人才不足的困境。

（7）加快地区经济发展步伐。应充分用好国家"一带一路"建设和云南省建设成面向南亚东南亚辐射中心，并快速融入中国—东盟自由贸易区、澜沧江—湄公河次区域经济合作区、孟中印缅经济区的国际经济交流建设中，充分发挥地理位置优势和通道优势，真正做大做强大理乃至云南的区域经济，以此来带动大理农产品物流产业的快速发展。

【案例链接】

大理沧龙物流有限公司

大理沧龙物流有限公司成立于2010年1月，注册资本金3000万元，是大理州规模最大、最具实力的集普通货运、大型物件运输、物资仓储、装卸搬运、建筑材料销售、物资配送、信息咨询、物流园区服务、供应链及物流方案设计为一体的现代物流企业。

公司现有运输车辆近200台，其中有LNG天然气运输重型卡车60台，是大理州内首家自建加气站、推广使用天然气汽车运输的物流企业，也是云南省运用天然气重卡最多的一家进行绿色运输的物流企业。公司现有员工近200人（含下属子公司），其中，大中专文化程度员工占职工总数的60%以上，有国家"高级职业经理人"资质证书的管理人才3人，有2人获得"高级物流师"资质证书，5人获得"中级物流师"资质证书。公司成立8年来，先后荣获"全国AAAA级物流企业""中国西部百强物流企业""中国公路货运三星级车队""国家级AAA级信用企业""云南省综合实力十强物流企业""云南服务企业50强""云南省优秀物流企业""云南现代物流产业先进企业""大理州优秀物流企业"等众多荣誉,并通过GB/T19001—2008 ISO9001:2008质量管理体系认证,是中国物流与采购联合会理事会理事单位、云南省物流与采购联合会副会长单位、云南省物流与采购联合会道路物流分会会长单位、大理州企业家协会副会长单位、大理州工商业联合会执委单位、大理州企业家协会副会长单位、大理州燃气协会副会长单位、大理市政协之友企业家联谊会副会长单位、大理州物流行业协会会长单位。

大理沧龙物流有限公司自成立以来,以推动大理物流行业向前发展为己任,运用超前的物流理念、高效的企业团队、科学的运营管理模式、强大的资源整合能力,以"诚信经营、热情服务"为经营方针,奉行"追求卓越品质、强化系统管理、提供至诚服务、持续增进业绩"的服务理念,用"专业、团队、诚信、创新"的企业核心价值观激励全体员工,致力于打造"优质、高效、安全、快捷"的一体化、专业化的现代物流服务新模式,积极参与大丽铁路、大瑞铁路、大丽高速公路、龙瑞高速公路、瑞陇高速公路、小磨高速公路、大永高速公路、上鹤高速公路、腾陇、腾猴高速公路、海东新城区开发、中缅油气管道等国家重点建设项目建筑建材物资供应与物流运输服务。公司先后在大理经济技术开发区满江新建了办公大楼、停车场及物流仓储区,公司正朝着规模化、集团化的经营运作模式健康发展,企业经营业绩每年都得到成倍增长,逐步发展成为滇西物流行业的龙头和云南物流运输行业的佼佼者,成了具有一定品牌知名度、倍受欢迎的云南省高速公路重点工程的优质物流服务商。

在主业经营上,进行强强合作,公司已在全国多个省区市大中城市建立了运输合作网络,与省内及州内多家企业建立起了长期的合作关系,并先后与中铁隧道局、云南省交通投资建设集团公司、中国铝业集团公司、太平洋建设集团公司等建立了长期、稳定的项目物资供应及物流运输业务。

凭借着良好的经营业绩和强劲的发展势头,公司又制定了中长期发展战略,将致力于推动大理州及至滇西物流业向前发展为己任,按照"主业优强、相关多元"的发展思路,将物流策划、采购供应、网上销售、货物包装、流通加工、天然气经营、渣土处置、野生菌加工销售等增值服务纳入发展战略。力争做精做强主业、做大做优关联产业、做新做实转型产业。决心抓住发展机遇，在"十三五"期间，将企业打造成为"立足大理、服务滇西、面向云南、辐射东盟"高效率的现代物流企业。

（来源：大理沧龙物流有限公司官网）

二、现代农产品供应链与冷链物流

我国是农业生产大国，随着经济社会的发展，农产品在国际市场竞争中面临着严峻的冲击和挑战。随着经济的全球化，国外优质低价的农产品，依托庞大规模和先进的管理模式等优势，大举进入国内市场，我国农产品面临的竞争更为激烈，形势更为严峻，这对于我国现有的农产品流通领域也就提出了更高的要求。为了增强企业的竞争力，提高农民的经济收益，培育有竞争优势的农产品企业，实现农产品供应链的优化整合，降低风险，将供应链管理思想运用到农产品的企业运营和管理中去，实现农产品供应链的总体效益最大化，农产品供应链是供应链管理研究的热点问题之一。

（一）农产品供应链的含义

农产品供应链是围绕一个核心企业对农产品从生产到消费过程中各个环节所涉及的物流、资金流、信息流进行整合，将生产商、分销商、批发商、零售商等各方连接成一个具有整体功能的网络，也是农产品在供应链上增加价值的增值链。农产品供应链研究既研究农产品生产本身的物流配置，又研究农业产前、产后物流的科学流动，实现供应、生产、运输、加工、销售等环节的有机衔接，其目的在于使整个供应链产生的价值最大化。

（二）农产品供应链的特点

1. 参与者众多，系统复杂

在生产、加工、运输、销售和最终到消费者的各个环节上都有众多参与者，包括农产品生产者、农产品加工者、农产品运输者、批发市场、零售终端和最终消费者等一系列参与者。另外，农产品的数量大、品种多、特性差异大、质量参差不齐，使农产品供应链各环节的衔接问题更加复杂。

2. 对物流的要求较高，物流瓶颈突出

由于农产品生产具有区域性、分散性、季节性和风险性，而人们的需求又具有多样性和长期性，因而需要在不同区域、不同时间进行流通交易。然而农产品的鲜活易腐性，对农产品的物流提出了很高的要求，流通成本上升，这限制了农产品流通的发展。而且农产品流通中的商流、物流、信息流、资金流的全面协同十分重要，由于物流与商流、信息流、资金流存在本质上的区别，在实际运作中物流不能完全借助信息网络和中介机构实现信息的交换和资金的流动，它往往更多地表现为商品实体在平面和空间上的移动。在电子商务高速发展、农产品客户个性化需求日趋增长的趋势下，物流瓶颈越来越突出。根据"木桶原理"，农产品供应链上任何一个成员物流效率的降低都会降低整个农产品供应链的竞争力，因此，提高农产品物流能力，提高农产品供应链整体效率，迫在眉睫。

3. 物流环节协调性差，整体价值链增值难

由于农产品生产和消费的分散性，市场信息的不对称性，经营主体的多元性和经营规模的离散性，使得农产品销售处于尴尬的境地。农产品生产的季节性较强，农产品上市时间与物流环节难以协调，会导致市场价格波动较大，农产品的鲜活易腐性还限制了农产品在跨区域间和跨季节间的即时调节。在传统的农产品物流体系中，信息流、商流、物流和资金流在时间和空间上相互分离，不能很好地解决农产品在产供销中所形成的结构性矛盾，在农产品供应链条中，缺乏协调、合理的物流管理流程，因此，物流的快捷性和高效性的功能不能得到最大化的发挥，物流的附加值增值受限。

（三）大理农产品供应链管理存在的问题

目前，大理农产品供应链管理主要存在5个方面的问题。

1. 供应链管理观念落后

在我国目前的农产品流通领域存在着小生产与大市场的矛盾。小生产是指我国农产品存在着一家一户分散生产经营的方式，不能直接进入市场，难以有效完成流通任务。大市场是指农产品消费面临的是地理位置跨越较大的国内市场甚至是国外性市场。在这样的矛盾制约下，我国目前农产品流通形成了以批发市场为中心的主要流通模式。农产品供应链以批发市场为界分为两个部分：一是生产—流通环节，即从生产者到批发市场；二是流通—消费环节，即从批发市场到消费者，两个短链的结合处是批发市场。因此，在以批发市场为核心的流通体制下，农产品供应链是一条断裂的链，是局部的短链，所以无法运用供应链管理的思想。

2. 农产品核心加工企业实力弱，供应链组织困难

大理农产品加工核心企业稀少且规模较小，还没有足够的能力飞速繁荣或者重新构建供应链。虽然大理农产品加工的龙头企业有了一定的发展，但与知名农产品加工企业相比在市场的影响力、产品质量以及客户服务上仍有很大差距。同时，由于生产规模小，经营不规范，很难实现产品的可追溯。生产者的

教育程度较低，接受系统培训和指导的机会少，市场意识淡薄，科技知识和科技运用手段的能力及程度偏低，导致加工企业实力薄弱。

3. 农产品供应链环节多，供应链各主体之间信息不畅

我国农产品供应链管理中的信息化平台建设比较缓慢，通常情况下，农产品从农田到达消费者手中，需要经过农户、收购商、农产品加工企业、产地批发市场、销售批发市场、零售商、多家物流服务商等，供应链的各个参与方分工明确、职责分明、竞争充分，但过多的交易环节推高了农产品的流通成本，加剧了供应链成员之间信息不对称。大理农产品供应链同样存在这样的通病，一是信息化硬件建设落后，致使市场信息情报功能未能充分发挥。二是信息资源不能共享，缺乏一个把政府、市场、生产者和消费者联系起来的网络平台，生产者不了解消费者需求，产品质量难以提高，而且市场供求信息滞后失真现象非常严重，这也是大理目前农产品供应链管理中急需解决的问题之一。

4. 农产品质量安全问题突出，供应链安全体系不完善

农产品供应链链条长，参与者多，不可控因素多，每个环节对农产品的质量安全都有不同程度的影响，这些都影响农产品的最终质量。大理的农产品质量安全体系不够完善健全，参与者只是考虑自身的利益，从而导致农产品质量安全问题突出。大理农产品供应链在生产、加工、储存、运输等环节中存在严重脱节，没有建立完善的安全体系和规范的产品质量认证标准。

5. 农产品物流专业化程度较低、效率低下，物流过程中损耗严重

目前大理农产品物流主要采用自营方式，第三方物流组织还不多，常温物流和自然物流是主要的物流形式，没有形成连贯成型的冷链物流。目前最先进的也就是委托运输，但委托承运商却缺少固定或有计划的农产品承运业务，缺乏农产品物流的专业知识和设备，这使得农产品在物流运输过程中的损坏率高、物流成本高。尤其在生鲜农产品供应链中冷链物流技术低下，农产品的损耗率较高。很多企业因缺乏专业化运作意识，加上物流技术和物流设备落后、管理水平低，农产品流通中损耗量大，社会资源大量浪费。

（四）大理农产品供应链管理的发展对策

1. 树立先进的农产品物流供应链管理理念

美国供应链管理专家 Martin Christopher 指出：21 世纪的竞争不再是企业和企业之间的竞争，而是供应链和供应链之间的竞争。大理作为一个农业大州，农产品物流发展要在整体上有较大的突破，需要引入现代化的物流管理模式——农产品供应链管理，把农产品物流和企业的一系列活动看作一个统一的过程来管理，充分利用供应链中的资源，实现供应链的优化和资源整合。农产品供应链环节中的各组织载体要在物流上进行全方位合作，各组织载体要充分

意识到供应链管理是物流管理的新方向，要把握供应链管理的内涵及其要求。

2. 大力发展核心企业，促进供应链主体间的互相协作

首先，政府部门应该积极培育农产品核心企业，对农业产业化龙头企业的发展给予扶持资金和优惠政策。采取多渠道、多形式、多元化的办法，重点培育一批有竞争力和管理组织能力的农产品批发市场、农产品生产基地、农产品加工配送企业，围绕核心企业来建立农产品供应链，充分发挥核心企业的龙头作用，有效衔接农产品供应链节点的各组织，进行策略的制定、推行和协调工作。其次，发展多元化协调主体，加强供应链各个环节的协调、合作。

3. 构建农产品信息管理系统，建设供应链信息管理平台

构建农产品信息管理系统，建设农产品供应链信息管理平台，通过信息化建设，实现信息在供应商、生产商、分销商、零售商、消费者之间的有效传递，提高供应链管理信息的准确性，保证各环节的便捷沟通。同时，农产品生产监管机构、检疫机构、市场监管机构也可以通过门户网站等信息平台，对农产品加工过程、市场准入、质量安全进行全程监控。

4. 改善物流基础设施，提升农产品供应链物流能力

新鲜是生鲜农产品的价值所在，但由于鲜活农产品保鲜期短、极易腐烂变质等，对运输效率和流通保鲜技术提出了较高的要求。所以，要加强物流基础设施设备的建设，构建基础设施设备标准化体系，进一步规划包括物流园区、物流中心和配送中心、仓储设施等在内的基础设施。此外，应大力发展第三方物流，鼓励和支持第三方物流服务企业使用自己的物流服务设施设备为买卖双方企业提供现代物流社会化服务的模式，充分发挥第三方物流的优势。

5. 提高农产品的质量安全水平，完善的质量安全体系

要提高农产品的质量安全水平，建立一个完善的农产品供应链安全体系。加强对农产品生产的监管，从源头杜绝农产品质量安全隐患；统一农产品质量安全标准；制定农产品质量安全法律法规体系、农产品质量标准体系、农产品质量检验检测体系和质量认证体系；同时，建设农产品质量安全追溯体系，通过问题的追溯强化农产品供应链上各企业的责任，以保障农产品具有良好的质量水平。

6. 协调农产品供应链各方利益，为市场注入新鲜活力

供应链运作成功的关键是建立完善的利益分配机制。首先，市场要为农户的农产品进入市场提供便捷的程序，提供本土化的生产意见，逐步引导其供应链思想的形成；其次，要为加工厂家提供市场信息，联系供应商，加强加工厂家与供应商的进一步联系。此外，我国应借鉴国外先进的物流管理经验，培养能解决实际问题的物流人才，提高整体物流人员的综合素质，特别要注重对新

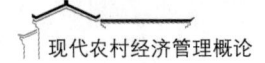

技术的投入使用。农产品物流发展目标是增加农产品附加值,节约流通费用,提高流通效率,降低不必要的损耗,从某种程度上规避市场风险。农产品物流与农业发展、农户增收联系紧密,在农产品的流通环节承担着十分重要的作用。

【案例链接】

云南邮政EMS助力剑川松茸"飞"入全国百姓家

随着雨季到来,云南各种野生菌陆续上市,有"菌中之王"美誉的松茸是野生菌类中的翘楚,备受人们喜爱。剑川作为大理州松茸的集中产地,每年的7月至9月,新鲜松茸陆续上市,吸引着大量客商进驻剑川。

2019年7月4日,2019年松茸寄递供应链解决方案推荐会在剑川县沙溪镇举行,为即将大量上市的剑川松茸产业助力,帮助当地产品外销,拓展市场,吸引了当地近百家生鲜商家踊跃参加。

物流全链布局助力松茸出山

松茸上市的季节,正值邮政"生鲜季"。云南的山珍农品,在邮政的助力下,摇身一变,成了一批批生鲜包裹,搭乘邮航班机飞向天南地北。新鲜松茸因其保鲜期短而更显珍贵,寄递新鲜松茸,对包装、保鲜技术和运输时效性等要求颇严。

松茸既是产区农户脱贫致富的主要经济来源,也是食客们推崇的珍品。松茸季节性强、保鲜期短,运输易损耗、配送要求高、难度大。如何将新鲜松茸送到远离原产地的消费者手中,让山野和餐桌不再遥远,云南邮政EMS专门为松茸行业量身定制了全程供应链解决方案,确保实现高品质产品极速到家。

中国邮政速递物流目前拥有邮政网点5.4万处、全货运飞机35架、邮运汽车7.1万辆。截至目前,云南邮政EMS开通了国际航空邮路8条,拥有40个直达城市的省际航空标准特快邮路。邮航专机直飞能将当天收寄的松茸邮件直接送达世界第三、亚洲第一的南京中邮航空速递物流集散中心,全国62个城市可实现今日寄、明日达,138个地级城市可实现隔日达。想要品尝到松茸美味的人们只需在网络上动动手指,邮政EMS就将全程保鲜的松茸送到消费者手中,足不出户即可尽享珍馐。

在"极速鲜"高端生鲜运营保障平台的全力支撑下,云南邮政EMS为松茸提供了航空运输、冷链专线、优先派送、主动跟单等快递增值服务,在保鲜方面,对松茸邮件的恒温包装和保鲜工艺进行改良,使用专业保鲜包装物料、冷运车辆等,实现全程控温,使松茸邮件的保鲜时间延长至56小时;在时效方面,增加了从产地运送到机场的频次,抽调人员专门负责将每天收寄的松茸及生鲜包裹运输至机场,实现了松茸从产地到全国62个主要城市48小时之内送达;在售后服务方面,安排专人负责包裹追踪,做到了出口邮件100%全程跟踪。

科技赋能助力松茸产业智能化

"我是沙溪本地人,以前寄松茸很不方便,现在邮政上门为我们服务,省钱省力,让我们有更多时间专门从事松茸收购及销售工作,真心感谢邮政!"剑川县少溪镇松茸电商欧阳灿说道,"因为我们的松茸品质比较高,就需要选择邮政这样的快递企业来保证发运时限,让我们的客户收到更新鲜、更好的松茸。"

在中国邮政集团公司的总体部署下,中国邮政速递物流深入挖掘国家级贫困县特色农产品项目,借助以邮政自主航空和冷链等干线网络为核心的极速鲜平台,及邮政体系"线上+线下"销售渠道,探索出了从产业规划、产品销售到运递服务等全链路帮扶的特色农产品扶贫模式,面向全国贫困地区开展产业扶贫。

2014年推出生鲜类农产品快递服务平台——极速鲜平台,于2016年建设了农产品销售平台——EMS极速鲜商城。2018年,中国邮政速递物流累计帮扶18个省、57个国家级贫困县的67个特色农产品项目。2019年将帮扶80个国家级贫困县,打造200个特色农产品项目;2020年帮扶100个国家级贫困县,打造300个特色农产品项目。

据中国邮政集团公司大理州分公司寄递事业部市场部员工马依莎介绍,在今年松茸寄递期间,云南邮政EMS将在迪庆、丽江、昆明、楚雄、大理、玉溪6个州市共同联动,统一服务标准、统一运营保障,实现松茸寄递全域覆盖。2019年大理邮政寄递服务全面升级,从"管家式"的收寄服务、"专家式"的运输保障、"保姆式"全程客服三方面,为大理松茸全程护航。

邮政EMS还通过二维码、微信、支付宝和小程序等互联网技术接入,实现订单云打印,物流信息实时推送,让您全程掌握松茸邮件的快递动态。中国邮政服务质量管理信息系统支持多渠道受理客户服务

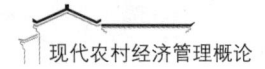

诉求，配备专职客服，实施全程主动客服和快速理赔。

产自白乡的新鲜松茸，有了邮政的助力，走出剑川，香飘四方……

（来源：《大理日报》，本报记者赵子忠，2019年7月5日）

（五）农产品冷链管理

冷链已经成为世界各国提高生鲜农产品流通条件、食品质量安全、农产品附加值及促进农产品走向国际市场的重要保障。我国是农业生产大国和农产品消费大国，截至2017年我国农产品冷链物流总额将近4万亿元，占社会物流总额近1.6%。我国农产品冷链物流市场空间还很大，未来农产品物流市场进一步开阔，将为冷链物流市场打开更多需求。但是由于农产品冷链物流发展的不完善和农产品冷链流通率低，造成生鲜农产品产后腐损率较高以及大大降低了农产品品质，因此每年都造成了巨额的损失并且严重危害了消费者的健康安全。加快发展我国农产品冷链物流，对于保障食品安全和增加农民收入等都具有十分重要的意义。同样，大力发展大理农产品冷链物流、加强冷链管理对大理物流枢纽地位的巩固和大理经济的发展具有重要意义。

1. 农产品冷链物流的含义

农产品冷链物流是指水果、蔬菜、肉、蛋等农产品在采购、加工、储藏、运输、销售直至消费的各个环节中始终处于规定的、生理需要的低温环境下，以保证农产品质量、减少农产品消耗的一系列供应管理措施和方法。其包括的冷冻加工、冷冻贮藏、冷藏运输及配送、冷冻销售四个环节都要求按照农产品物流的特性需要，保证农产品的原品质和长存性，保证保鲜贮运工具设备的数量与质量，保证处理工艺水平高、包装条件优和清洁卫生好，保证现代化管理和快速作业，最终保证农产品冷链物流冷链协调、有序、高效地运转。

2. 农产品冷链物流的特点

（1）复杂性。要保证生鲜农产品在冷链物流过程中的品质，就必须严格控制农产品在冷藏运输过程中的储藏温度以及运输时间。冷链物流系统相对于常温物流系统技术要求高，不同的农产品对温度控制的要求和可储存的时间都不一样，而且冷链物流的基础设施建设和设备技术相对复杂，对信息化程度的要求较高。另外，农产品冷链物流的生产和消费较分散，市场供求及价格变化较大，天气、交通等各种不确定的影响因素较多，其运作和能耗成本较高也增加了其不稳定性和复杂性。

（2）时效性。农产品冷链物流要求冷链的各环节具有较高的组织协调性，保障物流环节和物流交易次数较少,保证易变质农产品的时效性强。由于生鲜农产品具有不易储藏的特性,于是要求生鲜农产品冷链物流的每个组成单位必须及时有效地工作。流通过程中必须按照相应的时间节点来运输,冷链的每一个环节都必须协调运作,每一环节都要紧密相连,来缩短整体的流通时间,提高运作效率。

(3)高成本。农产品冷链物流各环节的管理与运作都需要专门的设备和设施,建设投资较大、回报期较长。由于生鲜农产品在流通过程中必须处在相应的温度环境下,所以必须使用低温运输工具,安装全程温度控制设备,建设冷链仓储物流中心,采用先进的信息管理系统和高效的管理方式,这些要求导致了农产品冷链物流的成本要比其他物流系统成本高出很多。例如,从大理到北京运输柑橘,普通车运输成本为310元/吨,而冷藏车运输成本则大约需要550元/吨。

3. 发展农产品冷链物流的意义

首先,发展农产品冷链物流是适应农产品大规模流通的客观需要。随着农业经济的不断发展,我国农业结构调整取得显著成效,区域、品种布局日益优化,农产品流通呈现出大规模、长距离、反季节的特点,对农产品物流服务规模和效率提出了更高的要求。尤其是生鲜农产品的区域规模化产出和反季节销售的增加,使加快发展农产品跨地区保鲜运输迫在眉睫。

其次,发展农产品冷链物流是满足居民消费的必要保证。随着城乡居民消费水平和消费能力的不断提高,居民对农产品需求的多样化、新鲜度和营养性等方面提出了更高要求,特别是对食品安全的关注程度不断提高。加快发展农产品冷链物流已经成为保护农产品品质,减少营养流失,保证食品安全的必要手段,是建设节约型社会和保证粮食安全的必然要求。我国生鲜农产品的产后损失十分严重,损耗量占世界首位。目前,我国蔬菜的产量占全球蔬菜总产量的59%左右,水产品和蛋类产量占全球总产量的35%左右,肉类和水果产量占全球总产量的46%左右,但是长期以来,由于不恰当的运输方式造成我国农产品流通损耗非常严重,中国食品工业协会统计的资料显示,每年约有1200万吨水果和1.3亿吨蔬菜在运输途中腐烂变质,直接损失就达到1000亿元以上,造成了巨大的资源浪费和经济损失;相比之下,发达国家(欧洲、美国及日本等)易腐食品的冷藏运输率已超过90%,冷链流通率为95%~98%,某些产品(比如肉禽)冷链流通率更是达到100%。而中国大部分生鲜农产品仍在常温下流通;部分产品虽然在屠宰或储藏环节采用了低温处理,但在运输、销售等环节又出现"断链"现象。

再次,冷链物流是促进农民增收的重要途径。长期以来,我国农产品产后损失严重,果蔬、肉类、水产品流通腐损率分别为20%~30%、12%、15%,仅果蔬一类每年损失就达到1000亿元以上;同时,受到生鲜农产品集中上市后保鲜储运能力制约,农产品"卖难"和价格季节性波动的矛盾突出,农民增产不增收的情况时有发生。发展农产品冷链物流,既可以减少农产品产后损失,又可以带动农产品跨季节均衡销售,促进农民稳定增收。

最后,发展农产品冷链物流是促进我国农产品参与国际竞争和提高国际竞争力的重要措施。截至2018年底,我国主要生鲜农产品产量位居世界第一,农产品产量高达21亿吨,包括油料、肉类、禽蛋、牛奶、蔬菜、水果的产量都是世界第一。但是由于冷链物流发展滞后,我国蔬菜、水果出口量仅占总产量的1%~3%,且其中80%是初级产品,在国际市场上缺乏竞争力。特别是随着近年来发达国家不断提高进口农产品准入标准,相关质量、技术和绿色壁垒已经成为制约我国农产品出口的重要障碍。加快发展农产品冷链物流,有助于提高出口农产品质量,突破贸易壁垒,增强国际竞争力。中国农产品物流与发达国家农产品物流的主要经济指标比较如表4-1所示。

表4-1 中国农产品物流与发达国家农产品物流的主要经济指标比较

	流通率	耗损率	加工比重	加工增值	预冷保险率	超市销售比重
发达国家	95%以上	5%以下	80%	1:3或1:4	80%~100%	80%~95%
中国	20%	25%~30%	10%	1:0.8	30%左右	不足30%

(来源于星汉供应链《浅析我国农产品物流发展现状及趋势》)

4. 大理农产品冷链物流建设

我国初步形成布局合理、衔接顺畅的冷链基础设施网络,基本建立"全程温控、标准健全、绿色安全、应用广泛"的冷链物流服务体系,培育了一批具有核心竞争力、综合服务能力强的冷链物流企业。冷链物流信息化、标准化水平大幅提升,生鲜农产品和易腐食品冷链流通率、冷藏运输率显著提高,腐损率明显降低,食品质量安全得到有效保障。大理农产品冷链物流建设可参考国家发展规划并结合自身特点,因地制宜地推进。

(1)改进冷链装备,完善农产品冷链物流基础设施网络。加强统筹规划,逐步构建覆盖全州主要产地并与全国消费地相联通的冷链物流基础设施网络,加大农产品冷链物流基础设施的资金投入,出台相关优惠政策。加大企业对农产品冷链基础设施的投资热情,鼓励企业建设完善停靠装卸冷链设施。增加生鲜农产品批发市场和生鲜农产品产地冷藏设施的储藏能力,加快生鲜农产品低温处理和冷链配送中心主要产地规划布局。加大冷链装备技术的引进甚至研发,改善生鲜农产品在加工处理环节的温控设施、预冷设施以及冷链运输车辆的节能环保和 GPS 全程温度监控设备等，例如，2019 年发改委提出的研发使用适应生鲜农产品网络销售的可重复使用的冷藏箱或保冷袋，提升配送效率，探索国内冷链货运班列和"点对点"铁路冷链运输等。

（2）加快农产品冷链物流的标准体系化建设。聚焦农产品流通"最后一公里"，加强农产品产地冷链物流体系建设，鼓励企业利用产地现有常温仓储设施改造或就近新建产后预冷、贮藏保鲜、分级包装等冷链物流基础设施，开展分拣、包装等流通加工业务。政府鼓励冷链企业遵守企业农产品冷链物流操作规范和技术标准，加快冷链体系标准化、制度化、智能化的步伐。

（3）加大行业监管力度，完善市场机制，发挥市场作用。将源头至终端的冷链物流全链条纳入监管范围。充分发挥行业协会、第三方征信机构和信息平台的作用，完善冷链物流企业服务评价和信用评价体系。建立冷链物流企业信用记录，加强信息共享和记录应用。完善冷链物流的法律法规体系，对行为不规范的企业处罚提供法律依据，来整治农产品冷链物流市场的乱象，相关政府部门和机构应充分行使监管的职责做到全程质量监督与检查和违法必究，维护冷链物流市场的健康发展。完善农产品冷链物流市场机制，充分发挥市场的主导作用，给企业提供一个公平、公正的市场竞争环境。农产品冷链物流的发展不仅需要政府政策的扶持性发展，还需要市场的导向发展。

（4）学习应用先进管理理念、模式和技术，鼓励创新。由于我国农产品冷链物流起步晚，与国外发达国家有着不小的差距，学习国外先进的管理理念、运作模式和冷链设备制造技术，有利于我国冷链物流实现跨越式发展。因此，大理农产品冷链也需要大力引入国外先进的信息技术，加快信息系统在农产品冷链物流行业的推广，提高农产品冷链企业的效率，降低农产品冷链物流成本。学习的关键在于吸收和运用，所以大理农产品冷链发展不仅要学以致用，还要实现突破创新，技术装备创新，制度管理体制创新，企业经营模式创新等。如支持冷链共同配送、"生鲜电商＋冷链宅配"、"中央厨房＋食材冷链配送"等模式创新。

（5）加快专业化、规模化的第三方冷链物流的发展。未来大理农产品冷链物流的发展，需要依靠一些拥有核心竞争力、雄厚经济实力、先进经营理念和管理方式的大型专业的冷链物流服务商。但是大理第三方冷链物流的现状却是：冷链物流企业多为中小企业，规模小、实力较弱，因此大理农产品冷链发展需先聚焦中小企业的发展，而且要走专业化、个性化的服务道路。因为以后随着有竞争优势、规模优势的大型冷链物流企业的发展，中小冷链物流企业必将会面临生存的挑战，所以中小冷链物流企业要以提供个性化服务为企业的核心竞争力。未来我国第三方农产品冷链物流必须是大中小冷链物流企业所共同提供的规模化与专业化的全面服务,既满足生鲜企业对产品流通规模化需求,也要满足其个性化需求,所以,大理迫切要求加快专业化、规模化的第三方冷链物流的发展进程。

(6) 重视冷链宅配的发展。随着互联网的发展和年轻消费者对网络购物的依赖,国内各大电商进军冷链宅配,这种新的冷链物流模式将会影响越来越多的消费者在网上进行水果、蔬菜等生鲜食品的选购,这种商业模式将会改变现有的农产品冷链流通模式,以往生鲜农产品由农民采摘再到批发商、零售商的市场格局将会通过电商平台直接将产地与消费者联系在一起。如果冷链宅配成功发展下去,将会扩大生鲜农产品市场和农产品冷链物流市场,也将会促进农产品冷链物流的发展。

(7) 整合现有农产品资源。农产品冷链物流企业对农产品冷链各环节资源的重新整合,加大对整个农产品冷链的控制。对中小农产品冷链物流企业进行兼并重组或者对其参股控股等方式,建立起区域性乃至全国性的大型冷链物流中心,淘汰一批没有发展前景的中小冷链企业,加强对生鲜农产品冷链市场的整顿,促进生鲜农产品冷链市场的健康发展。加快冷链技术升级改造和配套设施的建设,加强农产品冷链企业间的分工与合作,采用先进的经营理念、管理手段和运作模式,提高生鲜农产品冷链物流整体质量与运转效率。

【案例链接】

中国物流与采购联合会副会长兼秘书长 崔忠付谈我国冷链行业未来发展趋势

一是行业整合加速。政府监管力度的加大,竞争的加剧,资本的大量投入,加快了行业的整合。未来没有核心竞争力和差异化服务的中小企业生存将愈加困难。冷链行业竞争还处在小组赛,全国性、综合性冷链龙头企业还没有出现。企业想要迅速脱颖而出,进入半决赛甚至决赛的竞争,加速整合势在必行。二是网络化扩张。物流是规模经济,健全的网络是物流企业降本增效、升级转型的基础前提。只具备单点或区域服务能力的企业,越来越无法满足客户扩张需求,价值越来越小。三是国际化发展。食品进出口贸易、食品跨境电商的爆发,是冷链国际化发展的主因。有能力的冷链企业逐步在"走出去",先是空运、航运、铁路,然后是公路运输。"一带一路"沿线国家和地区,将是企业未来布局的重要地区,比如广西就是要发展成为东盟冷链物流中心。同时将会有更多国外冷链企业涌入国内市场。四是集约化发展。提高资产的运营效率是未来的方向，集约化是很好的方式，在一定区域内，把个别的、零碎的、分散而同质的客户集中形成规模。五是向多元化和个性化发展。冷链物流因其专业化程度高、前期投入大、回报周期长，决定了它的进入门槛高、经营难度大。但一旦做好，其关联好的网点布局、上下游渠道、客户资源、设施设备等优势便体现出来，往往可以另辟蹊径，拓展贸易、快递、医药物流等新的领域。六是冷链物流人才越来越稀缺。随着更多竞争者的进入，不管是一线的驾驶员和操作工，中层的运营管理人员，还是高级管理者，都会越来越难招，企业必须建立自己的人才培养梯队。

（来源：搜狐创业家精选《2018 将成过去式，听冷链物流行业大佬共话未来》节选）

三、现代农产品物流技术

（一）现代农产品物流技术概述

物流技术（Logistics technology）是指物流活动中所采用的自然科学与社会科学方面的理论、方法，以及设施、设备、装置与工艺的总称。物流技术概括为硬技术和软技术两个方面。农产品物流技术是指农产品从生产者向消费者的转移过程中，实现流通形态和流动功能所需要的机械、设备和设施等硬技术和为了形成高效率农产品物流活动而运用的各种计划方法、手段等软技术。农产品物流技术不是一种独立的新技术，也不是现代科学技术的简单相加或直接应用，而是各种现代技术综合运用的结果。

农产品物流技术种类繁多，涉及内容复杂。因为农产品物流与工业品不同，无论是种植业产品还是养殖业产品，在其进行运输、装卸、储存、加工等一系列环节时，都要考虑到农产品的形态、腐变性、串味性、抗震耐压性、通风透气性和吸潮吸湿性等特点，采取有效的技术和管理措施确保这些农产品在流通过程中不变质、不污染。要满足这一要求，不同种类的农产品需要采用不同的物流方式。本块内容重点以大理果蔬农产品、水产品和禽畜农产品为例，对保鲜技术、储存技术、活体运输技术和冷链技术等物流硬技术进行阐述，对于其他种类的农产品物流技术，读者可参阅相关文献。

(二) 果蔬农产品物流技术

1. 果蔬农产品物流特性

(1) 易损性。果蔬农产品具有的生物特性决定了其在物流上与其他产品的区别。果蔬采摘后仍有生命活动的延续，容易腐烂损坏，并且果蔬质地鲜嫩、含水量高，在整个物流过程中，由于震动、摩擦、碰撞等机械作用会受到机械损害。因此，这种特性对物流时间的上限、物流运输距离、装卸搬运次数都提出了限制。在果蔬物流领域，真正的商物分离很难实现，众多小规模的果蔬生产主体，由于缺乏对果蔬农产品物流的正确认识，往往会采用原始的物流方式进行物流运作，以高昂的成本换取低微的利润，所以为了避免或降低果蔬在物流过程中的损坏，应从集约物流模式入手。

(2) 鲜活性。果蔬含水量大约90%，在储存和运输过程中难免由于蒸腾作用降低重量，从而损害其鲜嫩品质。基于果蔬在常温下不易储存，很难保持原有的新鲜度和品质，长时间放置会丧失营养和食用价值的特点。所以，在物流过程中要以低温、空调等冷链运输和储存的措施来保证果蔬新鲜。

(3) 非均衡性。由于果蔬生产受到生产季节、生产地域等因素限制，市场上果蔬供给弹性有限，市场整体价格也会出现周期性波动，为了实现果蔬的商品价值，应保证其物流的持续有效，达到量的均衡。同时，果蔬的生物特性及生产特性表明其物流过程具有风险，只有做到物流技术与物流装备达到一定水平，物流环节合理安排，制度设计合理，才有可能顺利完成果蔬的增值过程，并在一定程度上降低成本。

(4) 分散性。农业生产不同于工业生产的特性，决定了农产品供应主体的分散性。果蔬的供给主体主要由众多小规模、分散的农户组成。从产出直到终端消费的每个环节中个人的产量都无法与市场衔接，从而造成了无法实现规模经济、提高交易成本的后果。因此，分散性的生产与销售是果蔬市场上一个有待解决的问题。

2. 大理果蔬类农产品物流的独特性

(1) 物流专业化、市场化程度低。果蔬类农产品物流对技术要求高、专业性强、难度大。"新鲜"是果蔬类农产品的生命和价值所在，由于新鲜果蔬类农产品的含水量高，保鲜期短，极易腐烂变质，最初产品形状、规格、质量参差不齐，鱼龙混杂。这些生鲜果蔬，需要特有的物流设备如冷库、冷藏车等，需要专门技术，例如保鲜、包装、储藏技术等，对物流的过程要求非常苛刻。但是在大理无论是果蔬类农产品生产企业还是个体农户，仍然热衷于自营物流，专业化、信息化、智能化、集约化等先进性要素成为大理果蔬农产品物流发展的短板，制约了果蔬类第三方农产品物流的发展。同时，需求预测、精深加工、全程物流服务等增值服务还没有开展。

（2）物流企业改善物流条件意识较弱。大理果蔬类农产品物流业现今还处于相对低级的发展阶段，从事果蔬类农产品物流的企业或者个人对物流设施的投入较少，造成大量果蔬的损耗。如果使用果蔬保护性包装及购置专业运输工具，无疑要增加成本，即意味着利润的减少。在提高物流质量、减少农产品损耗而增加的收入小于增加的物流成本时，任何企业与个人都不会自觉自愿地改善目前的状况。

（3）加工增值是发展大理果蔬类农产品物流的重要环节。果蔬类农产品不同于工业产品的最大特点是农产品市场价值很大程度上是离开生产领域而得到提升的，所以果蔬类农产品相对工业产品来说具有更大的加工增值潜力。例如大理水果树莓在没有加工之前的价格为 60~80 元/千克，深加工产品开发后生产出树莓糖、树莓糕、树莓果冻、树莓饮品、树莓酒等产品，价格却为 10~150 元不等，增值几倍或几十倍。因此，抓住加工环节，就等于抓住了物流的主要矛盾之一。

3. 大理果蔬类农产品物流技术

（1）保鲜技术。随着现代科学技术的进步，特别是微波技术和生物技术的发展，果蔬贮藏保鲜技术得到了极大的发展。近年来，国内外研究了一些新的果蔬保鲜技术，且部分已得到了推广应用。如临界低温高湿保鲜、涂膜保鲜、减压贮藏保鲜、新型保鲜剂保鲜、生物技术保鲜、细胞间水结构化气调保鲜、臭氧气调保鲜、低剂量辐射预处理保鲜等。其中前五种保鲜技术已在大理果蔬物流中应用。

（2）贮藏技术。果蔬贮藏技术主要包括简易贮藏技术、通风库贮藏技术、冷库低温贮藏技术、气调贮藏技术（气调冷藏库、塑料薄膜小包装气调）等几种形式。其中，简易贮藏技术包括堆藏、沟藏（埋藏）、窖藏和冻藏等形式，如白菜堆藏、胡萝卜沟藏、葡萄窖藏、菠菜芹菜冻藏等。另外，在果蔬贮藏时还要特别注意冷藏库的建设，如冷库内部规划、温度湿度通风等要素的控制。

（3）冷链技术。果蔬冷链技术在国内是一大短板，技术和设备短缺，专业化设施匮乏，专业人才缺失，都制约着我国冷链的发展。虽然近年来由于国家政策支持，国内行业在冷库、冷藏车或者电商"最后一公里"物流配送设备有了较大规模的发展。但却忽视了"最先一公里"产地预冷，专业预冷设施匮乏，现有装备能耗高，效率和利用率都很低。果蔬冷链技术主要涉及预冷问题，果蔬预冷方法有真空预冷、冷水预冷、空气预冷和冰预冷四类。目前，大理果蔬冷链主要涉及真空预冷、冰预冷和冷水预冷。

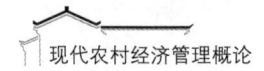

【案例链接】

南非 UVASYS 优卫士葡萄保鲜垫

南非优卫士葡萄保鲜垫是国际知名品牌,以安全环保长效高效著称,并在中国葡萄保鲜界名气很大。在葡萄保鲜技术应用方面,二氧化硫(SO_2)在20世纪二十年代就开始使用,并一直发挥着非常重要的作用。不过出于对 SO_2 残留的担忧,人们一直在努力寻找其替代产品。但经过长期研究表明,负责任地使用 SO_2 仍是目前最经济有效的葡萄保鲜方法,SO_2 能有效杀死和抑制引起腐烂的各种真菌,特别是灰霉菌。

产自南非的 UVASYS 优卫士是目前世界上最先进的葡萄保鲜垫,以最安全的方法带给消费者最美味的鲜食葡萄。UVASYS 优卫士是 SO_2 保鲜的创新概念,以其显著的保鲜效果、超低残留和安全性成为葡萄保鲜纸的代名词,受到企业用户的高度评价,畅销世界各大葡萄生产国。

经过十多年的市场考验,UVASYS 优卫士获得世界专利及多国 EPA 认证(环境保护安全认证),在主要的葡萄生产国取得巨大成功。目前英国各大主要超市要求进口葡萄时首选 UVASYS 优卫士保鲜垫,南非和澳大利亚出口的葡萄中超过80%使用 UVASYS 优卫士保鲜垫。

UVASYS 优卫士葡萄保鲜垫是长期贮藏、远途运输和出口葡萄的最佳选择,它能最大限度地保障优质葡萄经过长时间的储藏和运输后依然保持最佳外观、品质和风味;同时 UVASYS 优卫士的高效保鲜和超低残留特性,使它成了葡萄保鲜市场的领导者。

(三)水产品物流管理技术

1. 水产品的特性分析

水产品是海洋和淡水渔业生产的水产动植物产品及其加工产品的总称。包括:捕捞和养殖生产的鱼、虾、蟹、贝、藻类、海兽等鲜活品;经过冷冻、腌制、干制、熏制、熟制、罐装和综合利用的加工产品。我国水资源丰富,产品种类繁多,按保存条件可分为鲜活水产品、冰冻水产品、干制品;按品种可分为海鲜产品和淡水产品两大类;按生物种类形态可分为鱼类、虾类、蟹类、贝类等。一方面,水产品具有多样性,而且水产品能够提供优质蛋白质、脂肪酸及维生素和矿物质，具有营养特性；另一方面，水产品还具有易腐特性。

2. 大理水产品物流技术及管理

（1）储运保鲜技术。水产品捕捞后，如不立即采取有效保鲜措施，很容易腐败变质，下面介绍一些简易的水产品储运保鲜技术：①低温保鲜法。冷却、微冻、冻结和冷藏微生物，包括细菌、酵母和霉菌的生长繁殖和食品内固有酶的活动。这些微生物和酶的活动常是导致水产品腐败变质的主要原因，它们与温度有关，降低温度，微生物就会停止繁殖，甚至死亡，酶就会减弱或失去分解能力。因此，当水产品置于低温环境时，就可抑制微生物的生长和酶的作用，延长水产品的保藏期限。低温保鲜根据保藏温度的不同可分为三类，即冷却、微冻和冷冻保鲜。②冷却保鲜法。温度在0℃~4℃，主要有撒冰法和水冰法两种。撒冰法是将碎冰直接撒到水产品表面的保鲜方法，融冰水又可清洗鱼体表面，除去细菌和黏液，且失重小；水冰法是先用冰将清水降温至0℃，清海水为-1℃，然后把鱼类浸泡在冰水中，待鱼体冷却到0℃时即取出，改用撒冰保藏，此法一般应用于死后僵硬快或捕获量大的鱼，优点为冷却速度快。③冰藏保鲜法。即用天然冰或机制冰把新鲜水产品的温度降至接近冰点但不冻结的一种保藏海产品的方法，它通常称冰鲜。④化学保鲜法。化学保鲜就是在水产品中加入对人体无害的化学物质，以延长保鲜时间、保持品质的一种保鲜方法。⑤微冻保鲜法。微冻保鲜是将水产品的温度降低至略低于其细胞汁液的冻结点，并在该温度下进行保藏的一种保鲜方法。微冻保鲜主要有冰盐混合微冻法和低温盐水微冻法，应用于生产的尚不多。⑥海水保鲜法。冷却海水保鲜是将渔获物浸渍在温度为0℃~1℃的冷海水中的一种保鲜的方法。

（2）贮藏技术。水产品要长期贮藏，就必须经过冻结保鲜处理。冻结方法很多，主要有空气冻结、盐水浸冻结和平板冻结等。在我国，绝大多数采用空气冻结法。平板冻结法发展较快，冻结间的温度在-25℃以下，水产品中心温度降至-15℃后，移入库温为-18℃以下的冷藏间冷藏，保藏时间为6~9个月。水产品在冷藏过程中所发生的变化与冷却保藏时基本相同，主要是水产品的颜色、组织结构和重量发生变化等，但在冷藏过程中的一切变化都极其缓慢。

栅栏技术是将制约食品保藏的各种因素巧妙结合应用的综合方法。日本小野食品兴业株式会社"新含气调理杀菌技术"应用了栅栏技术，利用食品原材料调味烹饪的减菌化处理、多阶段快速升温和两阶段急速因子，低强度协同作用，控制微生物细菌，常温下水产品能保存6个月以上，且较好地保存了水产品原有的风味和口感。"真空冷却红外线脱水技术"利用食用酒精减菌、抽真空脱水、气体置换包装、冷藏等因子的协同作用，水产品可冷藏保鲜1个月左右。

(3) 水产品冷链物流管理。水产品冷链物流管理是指水产品从捕捞作业低温储存后经周转运输到达消费者等各个环节,连续性地在低温设备下流通,以保证其鲜度和质量的低温流通体系。它是随着科学技术的进步、制冷技术的发展而建立起来的,是以冷冻工艺学为基础、以制冷技术为手段的低温物流过程。目前我国水产品冷链物流的发展规模迅速。据统计,水产品冷链流通率达到41%,冷藏运输率也已经达到69%,水产品冷链物流发展环境和条件不断改善,并取得了较好的成果。全国建立的冷藏库约2万座,冷库总容量约880万吨,其中冷却物冷藏140万吨左右,冻结物冷藏量约740万吨。机械冷藏汽车约20000辆,冷藏船吨位10万吨,年集装箱生产能力100万标准箱,冷链物流基础设施取得了较快发展。水产品冷链可分为冷藏链和冷冻链。

(4) 活体运输技术。水产品活体运输是水产品销售的重要环节之一。但是水产品活体运输比陆生动物运输要困难得多,过去,说产品一直以干品、冷藏、冷冻等方式运销,近年来推广以活体形式运销水产品后,经济效益大大提高。主要应用的活体运输有低温运输、充氧运输、麻醉运输、休眠运输等方式。

(四) 禽畜农产品物流管理技术

1. 禽畜农产品物流的基本含义

现代禽畜农产品物流是指禽畜农产品从生产到消费者之间的物理性经济活动,包括禽畜农产品生产、收购、运输、储存、装卸、搬运、包装、配送、流通加工、分销、信息活动等一系列环节,并且在这过程中实现畜产品价值增值和组织目标。

2. 大理禽畜农产品物流存在的问题

禽畜产品属于鲜活易腐商品,具有价值低、易变质、生产周期长、季节性和地区性强、技术要求高等特点。因此,只有对禽畜产品的物流过程进行统一的组织和协调,才能保证禽畜产品在物流过程中质量完好。大理禽畜农产品物流存在的问题主要表现在以下几个方面:

(1) 加工产品比例小,活畜产品所占比例大。发达国家的禽畜产品加工量约占生产总量的70%,而我国长期形成的饮食习惯,导致肉类加工比例目前还不到5%;深加工蛋品只占禽蛋总量的0.5%~1%,而美国、法国等国家鲜蛋加工比例为15%~30%,这无疑增加了畜产品的保管难度,增加了物流成本。

(2) 冷链体系不健全。我国冷藏保温汽车约有3.5万辆,占货运汽车的比例仅为0.3%左右;而美国拥有冷藏保温汽车20多万辆,占货运汽车的0.8%~1%。我国铁路冷藏车约8000辆,占铁路车辆的1.6%,而且大多是陈旧的机械式速冻车皮,冷藏运量仅占易腐货物运量的25%。在禽畜产品的销售环节,部分产品不是直接进入超市销售,而是流入集贸市场拆零散卖,禽畜产品冷链存在中断现象。禽畜产品冷链体系不健全,影响了产品的质量安全,增加了产品在物流过程中的损耗,提高了禽畜产品的物流成本。目前,我国禽畜产品的物流费用占总成本的70%,而按照国际标准,这类费用最高不超过50%。

(3) 法律法规不完善。发达国家和地区对禽畜产品的生产、加工、物流、销售等都制定了严格的法律法规,如德国规定,猪、羊等从出生开始就要挂上相当于其身份证的耳标,由半官方的监督协会按官方的要求填写条形码,屠宰场对要求屠宰动物的耳标和条形码进行核对,不相符的不准进入屠宰场。加拿大对禽畜产品经营企业有非常严格的注册程序,申请企业必须在申请书中详细说明生产经营环境。欧盟对运输活畜使用的车辆、司机培训、动物是否有足够的空间以及饮用水等都有相应的规定。我国目前有关禽畜产品的相关法律只有《中华人民共和国动物防疫法》《中华人民共和国食品卫生法》《生猪屠宰管理条例》《兽药管理条例》等,而针对禽畜产品物流方面的法律法规尚没有。

(4) 管理水平低,管理体系不健全。由于缺乏规范的管理体系,管理人员的素质参差不齐,各地都不同程度地存在着有法不依、执法不严的现象。有的地方政府采取非市场化手段,对区外的优势企业设置壁垒,限制了市场竞争。如"双汇""雨润""苏食"等名牌企业在进入异地市场的过程中,都不同程度地遭遇过地方保护主义的困扰。另外,由于管理体制等方面的原因,禽畜产品的生产、加工、流通、国内市场检疫、进出口检疫等环节分属五六个不同的主管部门,管理漏洞很多。另外,行业协会的作用没有得到充分发挥。在国外,政府把许多管理的工作交由行业协会去做,行业协会在管理方面发挥了很大作用。如日本的九州地区,就多达50个以上与畜牧业生产有关的协会。这些协会为禽畜主提供各种服务,既维护了禽畜产品稳定的市场价格,又保证了禽畜产品的质量。

3. 改善大理禽畜产品物流的建议

(1) 完善法律法规,加强执法力度。应充分学习和借鉴世界发达国家和地区禽畜产品物流法律法规方面的经验,结合我国禽畜产品物流的实际,尽快制定禽畜产品物流的市场准入、资格认证等方面的法律法规,并统一各相关法律法规不一致的部分。各执法和管理部门应加大执法力度,坚决杜绝有法不依、执法不严等现象的发生。

(2) 加快禽畜产品的冷链建设步伐,扶持专业物流企业的发展。政府可采取低息和无息贷款的形式,帮助大型专业物流设备,提高禽畜产品物流的现代化水平。同时,国家还可以利用税收、土地等经济手段,扶持大型物流企业的发展,鼓励物流企业间的资源整合和兼并重组。

(3) 建立禽畜产品的绿色通道,完善禽畜产品。所谓禽畜产品绿色通道,是指不分品种、季节、路型,统一在收费口设立"绿色通道"标志,一律免收禽畜产品的过路费,尽量减免畜牧业生产、收购、运输、加工、贮藏等环节的税费。有关管理部门应采取切实有效的措施,积极治理禽畜产品物流中的乱收费以及各种限制禽畜产品流通的非市场化因素,完善禽畜产品物流的市场环境,实现物流企业的跨区经营。

(4)充分发挥禽畜产品专业协会的行业管理职能。中国禽畜产品流通协会应发挥协会的管理职能。一方面,为政府相关政策的制定出谋划策,另一方面,做好企业的服务工作和行业管理工作。同时,协会应积极与高等院校、科研机构密切合作,加强科学研究,努力探索禽畜产品物流的新方法、新技术,逐步减少活禽畜在终端市场的流通。提高我国畜牧业的产业化水平,积极推行"公司+农户"的畜牧业发展模式,改变目前一家一户的饲养状况。大力发展饲养专业户、家庭饲养场,实施规范化饲养。尽快制定《屠宰法》,推行集中屠宰、就近屠宰,控制活畜流通,增加加工产品种类,提高加工产品的技术水平。逐步减少禽畜产品在集贸市场的销售,增加连锁超市在销售环节所占的比例,鼓励组建产、供、销一体化的禽畜产品经营集团。

【案例链接】

走进冷链标杆企业
——上海郑明现代物流有限公司

上海郑明现代物流有限公司是全国首批五星级冷链物流企业,成立于2011年5月,是一家以冷链物流、汽配物流为核心,电商物流、医药化工物流、商贸物流、金融物流共同发展的专业供应链解决方案提供商,也是国内最早从事冷链物流服务的知名物流企业之一,在第三方冷链物流和汽配物流领域居于领先地位。公司自2011年起升级转型,先后引入美国红杉资本、法国凯辉投资基金、国际金融公司(IFC)资本、摩根士丹利、国家开发银行、春华资本及远洋资本。

公司已成立子公司20余家,分公司30余家,网络覆盖全国90%的重要城市,自有现代化冷链运输车辆600余辆,特种集装箱运输车辆50余辆,厢式及其他运输车辆300余辆,另有可控外协车3000余辆,每日货物吞吐量超10000吨。拥有仓库运作面积约130万平方米,在上海、北京、天津、广州、成都、贵阳、重庆等拥有仓储基地达86个,未来三年内将完成100个仓储基地的建设。

公司拥有冷链物流和汽配物流两大核心板块，以沿江沿海为主线，结合"一带一路"形成全国网络布局，与光明乳业、蒙牛集团、麦肯、国药集团、哈根达斯、肯德基和麦当劳等形成战略合作伙伴关系。连续三年被评为全国冷链物流50强企业第一名，全国第三方食品冷链物流服务商第一名。汽配物流已与大众汽车、路虎、福特、丰田、宏达、东风标致等国内外知名企业长期合作，成为上海地区第一阵营的汽配物流服务商。

公司依托ERP形成了先进的信息管理系统，通过SAP、CRM、SRM、WMS、TMS、GPS、OA等模块的运作，满足了不同客户、供应商和各个下属子公司对其商品的仓储、加工、配送、温度全程监控、全程追溯等供应链管理要求。2017年公司成立技术中心，将进一步强化信息技术与温控技术、智能化技术的融合。

2012年公司成立了"郑明现代物流研究所"和国内第三方物流行业第一所企业大学"郑明学院"，学院分别设立了"郑明培训中心""郑明实训基地"和"中仓储冷链物流培训基地"。2015年9月，经国家人力资源和社会保障部、全国博士后管委会批准，设立博士后科研工作站，目前已引进首位博士后研究人员。2015年6月至2016年4月，郑明学院举办了"郑明杯"第五届全国大学生物流设计大赛，400余所高校参赛。2017年创办的郑明讲堂，是名师传授精品课程的平台，至今已举办了6期。

未来，上海郑明现代物流有限公司将秉承"郑明冷链——只为品质生活"的使命，以"开放、信任、创新、成就"的价值观，快速成为集商流、物流、资金流、信息流、人文流五流合一的"领先的专业供应链解决方案提供商"，提供从"最先一公里"到"最后一公里"全程温控供应链服务，并以每年超过30%的增长速度在中国物流业中迅速崛起。

（来源：冷链物流观察者，www.sohu.com/a241865038_533790.）

参考文献

[1] 于学文,杨欣,张林约.农产品市场营销与电子商务[M].北京:中国农业出版社,2017.

[2] 魏延安.农村电商—互联网+三农案例与模式(第二版)[M].北京:电子工业出版社,2017.

[3] 人民网.大理州着力打造世界一流"绿色食品牌"[EB/OL].(2019-04-26)[2020-6-26] http://yn.people.com.cn/GB/n2/2019/0426/c372451-32882968.html.

[4] 大理白族自治州人民政府.2018年1-12月大理电子商务数据分析报告[EB/OL].(2019-02-22)[2020-06-26] http://www.dali.gov.cn/dlrmzf/c102161/201902/34ed302a8516493ab54e9f24889293b0.shtml.

[5] 齐亚菲.农业产业化发展读本[M].北京:中国建材工业出版社,2017.

[6] 齐敬冰,沈廷金,刘艳.新型农业主体规范与提升[M].北京:中国农业科学技术出版社,2015.

[7] 徐钦军,范以香,徐爱华.家庭农场合作社的运营与管理[M].北京:中国农业科学技术出版社,2017.

[8] 王宏伟.浅析农产品营销存在的主要问题与营销策略[J].企业导报,2009(5):103-104.

[9] 刘德军,张广胜,现代农产品物流技术与管理[M].北京:中国物质出版,2009.

[10] 高文相,大理物流现状及发展对策研究发展研究[J].物流科技,2015(4):38.

[11] 王国莹.浅析我国农产品物流发展现状及趋势[J].星汉供应链,2019(1):62-65.

[12] 赵子忠.云南邮政EMS助力剑川松茸"飞"入全国百姓家[N].大理日报,2019-7-5(6).

［13］张京卫，张兆同. 现代农产品物流体系构建策略研究[J]. 集团经济研究，2010，9：132-133.

［14］刘向东. 改善禽畜产品物流的对策[J]. 农产品加工，2007（06）：7-8.

［15］肖卫东，杜志雄. 农村一二三产业融合：内涵要解、发展现状与未来思路[J]. 西北农林科技大学学报（社会科学版），2019（06）：120-129.